书山有路勤为泾，优质资源伴你行
注册世纪波学院会员，享精品图书增值服务

这个世界变个不停，
企业只有创新才能生存下去。

创新律令

全球优秀组织的成长秘诀

THE INNOVATION MANDATE

The Growth Secrets of the Best Organizations in the World

［美］尼古拉斯·J.韦伯（Nicholas J. Webb）著

陈劲 姜智勇 译

电子工业出版社

Publishing House of Electronics Industry

北京·BEIJING

THE INNOVATION MANDATE: THE GROWTH SECRETS OF THE BEST ORGANIZATIONS IN THE WORLD by NICHOLAS J. WEBB

Copyright © 2019 by NICHOLAS J. WEBB

This edition arranged with HarperCollins Leadership through Big Apple Agency, Inc., Labuan, Malaysia.

Simplified Chinese edition copyright © 2020 by Publishing House of Electronics Industry Co., Ltd.

All rights reserved.

本书简体中文字版经由 HarperCollins Leadership 授权电子工业出版社独家出版发行。未经书面许可，不得以任何方式抄袭、复制或节录本书中的任何内容。

版权贸易合同登记号 图字：01-2020-1088

图书在版编目（CIP）数据

创新律令：全球优秀组织的成长秘诀 / (美) 尼古拉斯·J.韦伯 (Nicholas J. Webb) 著；陈劲，姜智勇译. —北京：电子工业出版社，2020.12
书名原文：The Innovation Mandate: The Growth Secrets of the Best Organizations in the World
ISBN 978-7-121-40097-1

Ⅰ. ①创… Ⅱ. ①尼… ②陈… ③姜… Ⅲ. ①企业创新 Ⅳ. ①F273.1

中国版本图书馆 CIP 数据核字（2021）第 045613 号

责任编辑：王　斌
印　　刷：涿州市京南印刷厂
装　　订：涿州市京南印刷厂
出版发行：电子工业出版社
　　　　　北京市海淀区万寿路 173 信箱　邮编：100036
开　　本：720×1 000　1/16　　　　印张：14.75　字数：200 千字
版　　次：2020 年 12 月第 1 版
印　　次：2020 年 12 月第 1 次印刷
定　　价：68.00 元

凡所购买电子工业出版社图书有缺损问题，请向购买书店调换。若书店售缺，请与本社发行部联系，联系及邮购电话：（010）88254888，88258888。
质量投诉请发邮件至 zlts@phei.com.cn，盗版侵权举报请发邮件至 dbqq@phei.com.cn。
本书咨询联系方式：（010）88254199，sjb@phei.com.cn。

作为律令的创新

本书致力于回答两个问题，一是：为什么创新是非做好不可的关键工作？二是：如何让创新的星星之火燃成燎原之势？

作者为第二个问题搭建了一整套循序渐进的清晰流程。其论述之明晰、架构之缜密、例证之贴切，足以成为企业创新的实战手册。其中，对创新操作系统及创新管道的阐述尤为精彩，对企业创新的实际操作具有极高的参考价值。

我想在此处重点谈谈第一个问题——为什么说创新是一项律令？

何为律令？

律令指法律或军法。较早的出处见于"律，法也。"（《尔雅·释诂》）"天下既定，令萧何次律令。"（《汉书·高帝纪》）再如"师出以律，否臧凶。"（《易经·师卦·初六》）

法律的最大的特征是强制性。顺之者无咎，逆之者有过。

本书的作者提出，企业自有其"律令"要遵守，例如盈利、质量和价值。广大的企业把它们作为律令来遵行，似乎是顺理成章的。盈利是企业的第一要务，所谓赔钱的买卖没人做。即使想做，又怎得长久？因此，无论是国外的亚马逊，还是国内的京东，在经历了漫长的亏损之后，最终还是要走到盈利的路上来。质量和价值也是一样的道理。

那么，为什么要把创新与盈利、质量和价值等量齐观？为什么说创新是非做不可、非做好不可的？这主要在于创新的战略意义和驱动作用。

为什么创新是律令？

本书作者为创新给出的定义是"创造新价值，为组织的愿景和客户服务"。作者同时还提到了迪伦·迈纳、保罗·布鲁克和约什·贝纳福的一项面向 154家企业的研究，它说明了创意发生率与企业的利润和净收入的增长关系密切。

由此可见，对于企业公认的律令来说，无论是盈利的创造、价值的产生还是质量的保障，归根结底要依靠创新。

无论是类似丰田和 UPS 式的渐进式创新、苹果手机式的突破式创新，还是奈飞和优步式的颠覆式创新，都是通过产品/服务质量的提升来为顾客创造价值，同时为企业创造利润的。也就是说，创新是生成性的、根本性的、驱动性的。离开了创新，其他的律令将无从谈起。

创新的战略意义决定了它作为律令的地位。在这个变动不居、加速革新的时代，在新的技术和商业模式不断迭代、不断颠覆的今天，企业的立足之本只能是创新。

创新如水，水无常形，故能利万物而不争。上善若水，创新几于道。

企业应该把创新视为金科玉律，而不是锦上添花的点缀。要想长久地繁荣下去，唯有创新才是正道。

这是一本立足现在、走向未来的佳作。它不仅对企业的创新有益，还可以为我们的日常生活带来启发。

是为序。

陈劲

2020 年 11 月 3 日于清华园

每个成功的企业都要全力以赴地做好某些工作。做好这些工作的奖赏是盈利和发展壮大，做不好的惩罚是破产。赏罚分明。

如果你同意，我们把这些非做好不可的工作称为律令。

每家企业的第一条律令都是**盈利**。

无论从事哪个行当，只要不赚钱，迟早会求借无门，供应商没完没了地催款，银行干脆一把大锁封了公司的大门。

不用说，赚钱是铁律。

还有很多别的律令，它们都和成功息息相关。

例如，企业的发展壮大是律令。不发展就会落后，不进则退。

质量是律令。企业要拿出最高质量的产品、亮出最高水准的服务。之所以非这样做不可，不仅是因为我们自身的专业水准，还因为我们的竞争对手正在不遗余力地提升他们自己的表现。

价值也是律令。顾客在我们这里每消费一块钱，都要比从我们的竞争对手那里获得更多的收益。

要搞清楚顾客最渴望什么，这同样是一项律令。想搞清楚这一点，就要贴近顾客，通过各种各样的途径紧密联系顾客。

由于行业不同，可能还有别的五花八门的律令，如可持续发展能力、公开透明等。

只有圆满完成每一项律令，企业才能维持正常经营。

本书论述的是另一项律令，它和上述各项为人熟知的律令同样重要。

它就是创新律令。

说白了，组织不创新，就等于踏上了关门大吉的绝路。

这是因为，今天，也就是此时此刻，我们正在经历两种前所未见的经营情况：

（1）商业和技术的**变革速度**正在加速提高。比如，20 年前，一项创新方案可能管用两年；放到现在，可能半年就失效了。创新的周期正在变得越来越短。与此同时，为了在百舸争流的创新竞争中拔得头筹，个人和组织需要投入的资源和精力正在变得越来越多。

（2）**颠覆的烈度**正在增强。企业的寿命很快就会变得像蜉蝣的寿命一样短暂。这是因为颠覆力量变得前所未有的强大，足以轻松抹去一家企业。根据美国标准普尔 500 指数的分析，1995 年，标普 500 企业的平均寿命为 30 年；现在已经降到了 15 年。2000 年名列标普 500 的一众企业，如今已然凋零过半。很多专家预测，到了 2028 年，标普 500 企业的平均寿命可能进一步下降到 10 年左右。

这和你有什么关系？

这意味着，如果你和你的企业能主动采用新的发明、系统和经营策略，积极开展创新，可能赢得可观的业绩。但是，不能视其为理所当然，怡然自得。如今的竞争太过激烈，只要没成为创新的领头羊，就说明我们做得还不够好。

比如，你把某些新兴技术推向了市场，取得了还算不错的业绩；但是，你的商务系统太过陈旧了，这套系统上线时，人们还从百视达租影碟看呢。

再如，你的企业实施了一套最先进的人力资源政策，包括弹性工作时间、透明工资等，要多时髦有多时髦。而你的员工还在用 Excel 做预算。那可是你上大学时用的东西！

想在业内一枝独秀、保持领先地位（而不是昙花一现），就必须在**企业的每个角落**培养创新、发挥创新的力量。包括：

- 企业的社交媒体平台；

- 人力资源；

- 行政事务；

- 供应链；

- 当然，还有你的产品。

这听上去是个浩大的工程，对吗？是不是太大了？

别担心。

你相信吗？（不管你信不信）你可以建立一套覆盖整个公司的创新系统。它会从每个角落发现和培养创新想法。这和建立一套营销系统或预算系统没什么两样。

关键是把创新的想法看作一个一个小火花。这些带着光和热的火花往往出现在最令人意想不到的地方！它们转瞬即逝，不会持续很久。一定要在熄灭之前发现它们。相信我！你要做的就是抓住它们、留住它们、持续不断地为它们供应氧气，让它们越烧越旺。一旦证明这些创意火花是有用的，就要把它们培养成能够完全展开的、切实可行的想法，让它们发出更多的光和热，持续更长的时间。

当然，如果你有一支研发团队，可以指望他们批量创造这样的火花。但是，

即使最正式的研发机构也很难避免这些极富价值的火花遭到忽视，变得冷却、成为无用的灰渣。通过书中列举的一些案例可以看到，一些本该发展成革命性创新的创意是如何遭到冷遇、漠视，最终归于沉寂的。这些故事让人触目惊心，堪称创新世界的"警世恒言"。

接下来，回到创新系统上。本书会教你如何建立和操作创新系统。你会发现，这比自己动手组装一套宜家书架还要简单。

想为组织建立一套切实可行、持续有效的创新系统，总共有 3 个步骤。本书会详细讲解这 3 个关键步骤。

首先是**创新任务**。它是统领全局、指引创新整体工作的路线图。它看起来可能和组织的总体任务有些相似。二者的主要区别是创新任务的着眼点仅限于创新。本书用了很大篇幅论述了创新任务问题。它就像万丈高楼的地基一样重要，一定要坚如磐石才行。

创新任务会为**创新操作系统**指明方向。创新操作系统和电脑操作系统很相似，它管理着一整套产生和培养新想法、新发明和新流程的健全系统；它还管控着这个系统的每个运行部件。

创新操作系统的核心是**创新管道**。新创意的火花正是沿着创新管道一步步发展成光彩照人的创新明星的。你有自己的销售管道，它能把潜在顾客转化为顾客；你有自己的招聘管道，它会筛选和评估候选人，完成招聘上岗的整个过程。那么，你一定不会对创新管道感到陌生。因为创新管道和上述两种管道没什么区别，它也理应成为公司日常经营活动中普遍存在的一部分。

付出终有回报！发现、把握和培育创新火花的能力一定能推动企业的发展，带来领先的市场地位。在《斯隆管理评论》杂志上发表的一篇文章中，迪伦·迈纳、保罗·布鲁克和约什·贝纳福提到了他们合作开展的一项研究，这项面向154 家企业的研究表明，被调查企业的创意发生率与其利润和净收入的增长关系密切。三位作者指出："企业的新创意越多，发展就越快。"创意发生率指的是一千位创意软件使用者中产生的新创意数量，以及在这些新创意中，最终由管理层选定、付诸开发和实施的数量又是多少。

在《财富》杂志"100 家增长最快的公司"（2017 年美股）列表中，名列前茅的企业依次是自然健康时尚有限公司[①]、Paycom Software[②]和 LendingTree[③]，一直到第 100 名，每家企业都是超级创新明星。它们共同的特点是对那些微小的、忽隐忽现的创新火花的尽力把握和不懈追求，以及把这些火花转变为前沿产品或商业化服务的不断努力。

创新的火花让企业变得更强大。优质创意越多，企业的盈利增长就越高。**是创新文化**孕育了这些火花。也就是说，创意并不是简单的本地项目或者一次性的、运动式的推动那么简单；它需要文火慢焙，渗透到组织的核心。

你的团队可能正在产生创新火花；这些极富价值的创新火花可能遭到忽视，即将永远消逝在黑暗里。烟花易冷，是时候把握它们了！是时候让创新的星星之火燃成燎原之势了！它们会为你、为你的企业和客户带来丰厚的收益。本书讲的是如何把创新变成组织上下的日常工作；如何发挥创新的无穷力量，带来长久的、持续不断的增长和利润。

---

① 健康与美容产品多级销售商。
② 软件公司，在线工资和人力资源技术供应商，它是首批在线支付服务提供商之一，总部位于美国俄克拉荷马州。
③ 一家在线贷款经纪公司。

目 录

第一章
Chapter 1

星星之火，可以值钱！

本书的主题是"创新"。这个词快被全世界的商业咨询顾问玩儿坏了。因此，先从定义入手。也许你有自己关于创新的定义，没关系。这本来就不是一本放之四海而皆准的书。它唯一的目的就是促使读者**思考**，激发读者**挑战自己**。

我们为创新给出的定义是：

创造新价值，为组织的愿景和客户服务。

创新火花可能是**任何一个**新创意，或者**任何一处**新流程。例如，它可能来自实验室里的科学家、营销部门的负责人、IT 部门的程序员、流水线上的工人，也可能来自酒店房间的保洁员。这个新创意或新流程，无论它是大是小，是运筹帷幄的结果还是妙手偶得的灵感，都要通过一条简单标准的验证：能不能增加新的价值？能不能帮助我们完成任务？能不能更好地为客户服务？

它能不能：

- 提高销量和利润？
- 扩展市场？
- 为客户带来更大的价值？
- 提高员工的生产力？
- 降低运营开支？
- 帮助我们成为行业领导者？

上述问题，只要有一项的答案是肯定的，这个新创意就值得认真考虑。这朵创新火花就理应得到氧气和发展壮大、获得接受检验的机会。

如果每个问题的答案都是否定的，那么，请让这个小火花自生自灭吧（虽然这听上去比较残忍，但是，经营企业不是请客吃饭，有时不得不断舍离）。

就是这么简单！

不做昙花一现的奇迹

有很多这样的企业，它们取得过惊人的创新突破，风光无限地享受了一两年的成功，随即迅速走向破产，或者被低价收购。这种企业被称为"昙花一现的奇迹"。这种企业不懂得创新律令为何物。假如你的目标就是做一株昙花，赚几个快钱就撤，那么，这本书根本不适合你，你可以把它送给你的前女友。

相反，如果你是成功企业的创办者和领路人，希望自己的企业年复一年地保持领先地位，请接着读下去！

创新律令已经在全球范围扎了根。创新可以是规模庞大、令人激动的；也可以是水滴石穿、循序渐进的。各个层级的人们都能创新，他们既可以是专业研发和技术人员，专注发明新产品，也可以是营销经理，借助新方法发挥社交媒体的力量。

持续的创新不仅仅是一件好事或有用的事，在当今这个市场大混乱、全球竞争加剧、技术和社会快速变革的时代，组织对创新的专注和投入已经成为**非做好不可的**工作。纵观如今的市场，那些不断创新的公司正在主导着它们所在的行业；而那些三心二意的，或者追求昙花一现奇迹的企业呢？它们早被竞争对手淘汰了。

像谷歌、苹果、亚马逊和脸书这样的领军企业都是不屈不挠的创新者，而像百视达、柯达、宝丽来、鲍德斯集团等曾经的行业魁首，它们有的已经消亡，有的从神坛上跌落下来。这些企业也有它们的共性：没能在年复一年的经营中始终如一地保持创新。这些企业都曾因为惊人的创新闻名于世，如果你的年龄足够大，应该还记得第一次走进一家影像店，租上一盘录像带，带回家慢慢欣赏大片的美好感受——那真是当时巨大的革新。然而，这些曾经的创新者变得越来越庞大、越来越迟缓。它们没能把握住创新律令，破产是迟早的结局。

尽管许多企业的管理者都明白创新的关键意义，但他们往往忽略了极为重要的一点：仅有认识是不够的，还需要**一以贯之的、组织化的**行动。哈里斯互动公司一项针对企业 CEO 的调查显示："47%的 CEO 指出，他们的企业没有专门负责审核新创意的团队、流程或系统，也无从决定应该对哪些想法做出投入。只有一小部分 CEO 声称，他们的公司会通过提供资金支持、教育培训或创意研讨会等方式支持创新。30%的 CEO 表示，自己的企业建有专门的团队来集思广益。"

很多顶级企业都明白，谈到创新的火花，它的数量和质量同样重要。2017 年，麻省理工学院斯隆管理学院进行了一项名为"利润的增长与更多被采纳的良策密切相关"的研究。这项研究指出，"纵观 28 个使用创意管理软件的企业在两年之内的表现，作者发现，每 1000 名用户中产生的创意数量与企业的盈利能力和发展密切相关"。

下面是个简单的公式：

更多的火花
=
✓ 更高的利润
✓ 更快的增长

谁能说这不对？

人类是天生的创新者

长久以来，持续不断的创新被视为一种神秘的过程。甚至很多人称之为**宝葫芦里的秘密**。咨询顾问和企业管理"大师"多如过江之鲫，他们兜售的是同款宝葫芦。这个叫法建立在这样一种认识之上：创新系统必须像曼哈顿计划一样——高度机密，只有极少数顶级科学家才能接触到，而且价格昂贵。咨询顾问和"大师"们希望我们相信：只有**神秘莫测的宝葫芦**，才能不断地变出创新火花。

事实并非如此。

真实的情况是，**你和组织里的每个人都是创新者**，除非你真的对"条条框框以外"的一切都过敏。

复印机卡纸了，你用一枚曲别针解决了问题，你就是创新者。

把两种商品捆绑在一起，贴上特价标签，你就是创新者。

与另一家公司建立合作伙伴关系，共享资源，你就是创新者。

在市场上看到一种需求，设计产品服务来满足这种需求，你就是创新者。

说得简单一点，创新火花就是把一项**新创意**变成**现实**。

人们总是过多地从狭义上理解创新，他们认为，只有"敢教日月换新天"的重大突破才称得上是创新。人人都想成为乔布斯，要在"宇宙中留下一点印记"。这太难了，大部分人注定不可能给宇宙留下什么印记，但是，我们可以在自己的生活中、在我们服务的组织里，在丰富多彩的工作中形成影响、留下印记。

人类是**天生的创新者**。从蹒跚学步到白发苍苍，我们总是不断地尝试，想找到更新的、更好的办法把事做好。为此，人们发明了各种器械、找到了各种捷径、解决了各类问题、学会了用新的角度看待问题。这正是整个世界进步的缘由！我们习以为常的每一种现代文明的人造产品都曾是崭新的、惊人的创新。

创新律令的关键在于保持火花的不断产生。除此之外，还要懂得如何捕捉这些火花。

他们能做到，你也能做到

创新常常是刻意努力的结果，但它也会出现在不经意之间。这些火花幸运地被人们认出，由熟稔的商务人士挖掘出惊人的潜力。

并不是只有布鲁克林或硅谷才有创新。走遍全球，随处可见低调务实的企业持续不断地推出创新，其中不乏令人拍案叫绝的好例子。试举几例。

- 得伟是一家世界领先的高品质电动工具制造厂商。这家企业推出了一个网络社区，由一万多名最终用户组成。这个社区获得过很多奖项，得伟称之为"由用户驱动的创新"。用户会把反馈意见发到该社区，这激发得伟的工程师重新定义了所有的可能性。与用户群体的联系帮助他们认识到自己在生产、包装和营销过程中真正需要的是什么。通过用户在社区中的反馈，得伟得到了极富价值的数据。这些数据告诉他们哪里做得对，哪里做得不对，未来的发展方向是什么。

  要与用户或服务对象组成的社区联系起来。这种持续不断的紧密联系能让组织大大获益！也许你已经有了一个这样的社区，那太好了，你要做的就是走近他们，倾听他们的心声。

- 敦豪速递公司（DHL）是全球最大的快递物流服务企业。这家企业在新加坡和德国举办过很多次实践研讨会，收集用户的想法。DHL用户社区成员累计参与过几千次类似的活动，为公司提高包裹运送服务提出了丰富多彩的方案和意见。

  研讨会产生了很多创新，其中一个例子是无人投递包裹机。这种包裹机的开发工作始于 2013 年，比亚马逊的 PrimeAir 无人机投递系统早得多。如今，它已经演进为一种自动倾斜翼飞行器。只需要最低程度的人工干预，它就能直接把包裹投递到收货人的家门口。只要在服务范围之内，任何人都可以把投递的包裹送到 DHL 的包裹无人机空港。在山区地带，DHL 无人机的投递半径可以达到 8 千米。马库斯·屈克尔豪斯是 DHL 负责创新和趋势研究的副总裁，他告诉分析师：“人工智能、虚拟现实和自动化驱动着智能供应链的发展，改变着全球物流行业的未来。”这是一个很好的例子，它说明了用户可以通过怎样的形式和企业的内部创新者合作，完成惊人的创新构思、建造和验证工作。你注意到了吗？DHL 竟然有一位专门负责创新和趋势研究的副总裁！我们称他为 DHL 的创新先锋。后面的章节会谈到创新先锋的内容。

● 为机舱厕所的管道除锈，减轻飞机的重量，英国航空公司每年由此节约的燃油成本高达 60 万英镑。这个创意来自英航员工的在线意见箱。员工们还提出了很多节约成本的好主意：把玻璃红酒杯换成塑料杯、建造更轻的小推车和货物集装箱、更频繁地清洗飞机引擎、减小水箱的容积、为商务舱旅客提供更轻便的餐具等。这些创意带来了什么好处？飞机的重量明显减轻了，燃油成本降下来了。要知道，对任何一家航空公司来说，燃油费用都是头号开支。

　　员工是新鲜创意的宝藏！我们要做的是建立创新管道，让管道里时刻充满新创意（下文会详细论述创新管道问题）。

● 说一个硅谷的例子吧。脸书的“点赞”按钮，最早被称为“超赞”按钮。它的原型产生于脸书声名狼藉的黑客竞赛。组织者把脸书的员工召集到一处，给予他们完全的自由，探索各种各样的可能性。一开始，脸书的创始人和当家人马克·扎克伯格数次否定了“超赞”按钮，称这将鼓励“低价值”的互动，以至于工程师们称之为“受诅咒的项目”，因为它不可能通过心存怀疑的扎克伯格这一关。但是，项目的支持者始终没有动摇。直到数据专家伊塔玛·罗森提供的数据证明：“超赞”按钮确实增加了帖子的评论数量。终于，扎克伯格开了绿灯。这个按钮立即受到了广大用户的热烈欢迎，为脸书本已蓬勃的发展增添了光彩。

这些例子告诉我们，很多创新并非一开始就是受到欢迎的；它们往往需要更多的时间徐徐展开。因为有一个或多个真正相信它们的人，这些创新终将取得成功。

把握创新、收获利润，并非高学历者才能办到。我们永远无法预料创新的火花从哪里，或者从谁的头脑中迸发出来。

比如卡西迪·戈德斯坦，她在 11 岁时发明了蜡笔握持器——一种可以把弄断的蜡笔固定起来的小工具。2006 年，美国知识产权所有者教育基金会向小戈德斯坦授予了"年度青年发明家"的荣誉称号。

再如乔治·韦斯，他在 84 岁高龄时开发了一款数字游戏软件。这款游戏在 iPhone、iPod Touch 和 iPad 上都可以下载，全名叫 Dabble—The Fast Thinking Word Game[①]。

他们和数以百万计的发明者一样，都是平平常常的普通人，也许此时此刻他们就在你身边工作。

这样的例子不胜枚举，重要的是：新创意可能来自任何地方，这些创意的实施过程常常是轻松愉快的，而它们带来的收获可能是极为丰厚的。

创新和其他技能没什么两样：无他，唯手熟尔。只要坚持不懈，不偏离焦点，你的团队或者你所在组织里的每个人，无论是数以十计还是数以千计，都能在很短的时间内把自己视为创新者。他们会融入创新的过程，为组织的成功做出更多贡献。

丰田是一家凡事都要精确测量的企业，管理者会追踪员工每年提出的

---

① 一种比拼反应速度的词语游戏。

意见总数。30 年来，丰田的创新文化推动了员工意见年复一年的增加：从每 10 名员工每年提出 1 条意见，增长到如今每 10 名员工每年提出 480 条意见。这无疑是一个巨大的提升，因为丰田已经把新创意的价值和必要性作为企业文化灌注到了每位员工心里。而且，这些意见并非来自成本高昂的研发项目，尽管丰田并不缺乏这样的项目。这些来自员工的创意是"免费"的，不用花费任何成本就能获得！

没有哪位管理者能拒绝它。

举团队之力

团队合作能带来最好的创新效果。对于"创新是什么"这个问题，业务所及的每一位利益相关者都有自己明确的认识，包括创新的目标和它的益处等。这就要求我们使用每个人都能理解并据以开展行动的日常语言来探讨创新。创新策略可以剥去创新本身的复杂性，化繁为简，让创新变得切实可行，让企业里人人都能参与其中。执行创新策略，把创新变成整个公司的一项律令，就能释放出新想法蕴藏的**盈利能力**，驾驭其无与伦比的力量，推动整个公司向前进。

光鲜亮丽之外：创新的多种类型

很多人把创新仅仅看作一种技术或者一项产品，或者把它看作光鲜亮丽的奇巧物件。绝大多数的企业管理者普遍认为，创新仅仅存在于研发机构里。这造成了很大程度上的困惑。拉里·基利在他的著作《创新十型》中一针见血地指出：企业的创新是丰富多彩的，它会通过多种形式展现出来。

既然本书的价值定位是帮助读者聚焦于新鲜的、明确的、便于落地的进步之路，让我们从定义入手，从比较简单的角度审视创新的各种类型。前文提到过，创新是：

创造新的价值，为组织的愿景和客户服务。

这里的关键词是"新"，它包含两层含义。

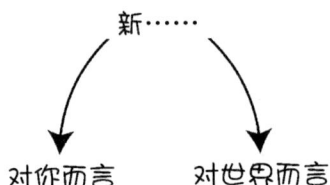

新……

对你而言　　对世界而言

它可以表示"对世界而言是新的"，比如一项从未存在过的新发明或者新流程。苹果公司推出的 iPod 随身听属于新发明。优步属于新的商业模式。为贯穿供应链的各种原材料加装 GPS 定位设备，这属于新的流程。

它也可以表示"对你的组织来说是新的"。向别的行业借鉴某种方法或流程，用于你的组织，这也是一种创新。比如近年来，汽车厂商纷纷把电脑安装到汽车里，让它发挥越来越重要的作用，从引擎诊断到通信再到安全保障，不一而足。汽车厂商并不是电脑的发明者，但它们发现了赋予电脑创新用途的新方式。

在实际生活中，创新的功能领域数不胜数，几近无限。它可能包括，但一定不限于：

- 创造更好的客户体验，覆盖所有的客户接触点；
- 导入创新，更快更好地传递客户价值；
- 新的业务流程创新，促进具体战略目标的实现；
- 卖给客户的产品和技术；
- 团队合作方式和协作创造方式；

- 把组织的价值传递到市场上的方法；
- 衡量和监测组织的进步；
- 帮助组织**省**钱或者**赚**钱的所有方法。

研究表明，全世界最赚钱的组织都是创新律令的坚定支持者。它们把创新视为核心竞争力，尽全力投入其中。最好的组织领导者都是行动派，他们把创新当作组织的头等大事来抓，专心致志地开展创新工作。研究还表明，无论通过哪种表现形式，持续一贯的创新一定会提高组织的盈利能力及竞争能力的提高。创新已经成为企业新的当务之急。

创新的火花就在你的公司里闪烁，要把它们用起来。

风险回报尺度上创新的四个层次

每一位投资人都明白，风险和回报是直接关联的。

风险越大，回报越高。

风险越小，回报越低。

投资老手会把资金投入各种机会的组合上面，这些机会代表着不同类型的风险回报水平。他们会选择一些低风险、低回报的投资机会，这样可以获得**渐进式**回报；与此同时，他们还会选择一些高风险的机会，这些机会可能带来**突破性**的回报，甚至**颠覆性**的回报。

他们还要管住自己，禁得住**空泛**创新的诱惑。空泛创新只能带来零回报，或者约等于零的回报，无论它的风险水平是高是低。

创新和所有类型的投资一样，风险回报的范围很宽，呈现出较为均匀的比例。管理者和创新先锋要发现和规避空泛的创新，尽可能引领和发挥后面三个层次创新的作用，它们才是真正的创新。

⁴颠覆性的

³突破性的

²渐进性的

¹空泛的

1. 空泛的创新

从表面上看，空泛的创新同样是新的、不一样的；而实际上，它们无法在客户的心中增加价值。更有甚者，空泛的创新可能最终成为代价高昂的错误。如果发现了一朵只开花、不结果的创新火花，就让它自生自灭吧。

然而，不受欢迎的空泛创新是不甘心自生自灭的，比如，某些自动挡汽车方向盘上的换挡拨片。在一些配备了自动变速箱的汽车上，驾驶者可以超越"自动"部分，用指尖在方向盘上直接换挡，这是为了给驾驶者带来一种手动换挡的错觉。问题在于，99.9%的购车者根本不在意换挡拨片。通用汽车公司产品开发推广经理尼克·理查德斯告诉《纽约时报》："通过研究，我们发现用户几乎从来不会用到换挡拨片，62%以上的用户一年也用不上两次。在那些使用拨片的用户中，有55%的人指出，他们只有在运动模式下才会用到它。"

《纽约时报》记者专门为此走访了一家位于纽约市皇后区的斯巴鲁汽车经销商，现场采访了一位正在看车的客户：

"大姐，您对这款车的换挡拨片怎么看？"

"换什么片？"客户反问记者，"我不知道你说的是什么。我只管开车。"

换挡拨片是专为法拉利 F1 赛车开发的，它对方程式比赛非常有用，而对普通驾驶者来说，换挡拨片纯属摆设。

关于创新，有这样一项原则：你**会**做一些新鲜玩意儿，并不代表你**非要**做它不可。每朵创意的火花都要经过挑剔的评估，衡量的标准是它能否为客户带来实实在在的价值。我们会在后文详细讨论这一点。

2. 渐进性创新

渐进性创新指的是"持续改善"，这种创新是"丰田模式"的核心。单凭一项渐进性创新，可能不足以带来销售或业务的明显改观。但是，持之以恒的、全员参与的变革足以让企业成为创新引领者。在这个过程中，企业每天做出一点点微小的创新，当这些创新叠加在一起时，就会形成真正的价值。丰田公司 CEO 渡边捷昭在接受《哈佛商业评论》采访时表示："我们没有天才，我们只是把自己认为正确的事做好，每天努力提高一点点。当 70 年积累的进步叠加在一起时，就形成了革命性的力量。"

渐进性创新不一定非要让客户看到！这一点非常重要，务必牢记。因为渐进性创新常常隐藏在供应链内部，不为人知。以 UPS 快递公司为例，客户看不到这家企业千方百计、争分夺秒地缩短投递时间的努力。UPS 的流程管理总监杰克·李维斯告诉 NPR[①]："每名司机每天节约 1 分钟，一年下来，相当于节约了 1450 万美元。"

- 在美国，UPS 要求司机尽可能减少左转弯。这是因为，极为复杂的数学运算证明，在规划送货路线时，比起等候左转交通灯，尽可能多地右转能更快地抵达交货地点。

---

① 是 National Public Radio，即美国国家公共电台的简称。

- 为了节省时间，UPS 甚至会培训司机怎样用一只手发动汽车，同时用另一只手系好安全带。

- 滑倒摔跤不仅会造成受伤，还会浪费时间和金钱。在 UPS 训练营里，快递小哥要接受特别的滑倒摔跤模拟器训练，学会如何安全通过滑溜溜的地面。

- 为了节约燃油成本，UPS 的送货卡车不装空调。在烈日炎炎的夏天，UPS 的司机会敞着门开车。

消费者无从得知这些一点一滴的创新。他们只是以很低的价格享受着一流的服务。这就够了。

这是一种每天都在发生的创新。假以时日，它会为公司带来巨大的变化。只要让小小的火花不停地迸发出来，总有一天，它们会集腋成裘，汇聚成强大的竞争优势。

3. 突破性创新

突破性创新指的是引人注目的大创意，它能让一个品牌在一夜之间红遍大江南北。突破性创新通常极具革命性，如苹果手机的人脸识别系统。2017 年 12 月，苹果公司推出了人脸识别系统，它具有生物特征认证功能。不同于传统的密码认证或者软件认证，用户可以通过自身生物特征完成身份认证。首先，人脸识别系统会精确扫描使用者独一无二的面部特征，然后记住这些特征，用于后续识别。随后，在使用者下次打开手机，允许摄像头看到自己的脸时，人脸识别系统会快速扫描和比对，识别出使用者的身份。在比对过程中，人脸识别系统展现了充分的灵活性，几乎可以随时识别你，即使在不同的光线条件下，或者你戴着墨镜，甚至卸妆之后，人脸识别系统依然能认出你。

很明显，这种创新远远超出了渐进性创新的范围。它为产品增加了价值，帮助苹果公司完成了创新任务。

值得注意的是，很多突破性创新并不是新创意。并不是某位苹果公司的天才某天起床时福至心灵："嘿，为手机安装人脸识别系统，这样是不是很酷？"实际上，生物特征认证技术已经存在几十年了。在人脸识别之前，人们已经开发出了指纹识别和虹膜扫描技术。但是，只有苹果公司通过组织性决策**把想法变成了现实**。苹果公司抓住了创意的火花，为它注入了生存必需的氧气。也就是说，苹果公司为这项创意投入了资源，做成了这件事。

有些火花非常坚韧，就算一时不能燃成明火，也能保持温度、隐燃不灭。千万不要小看它们的力量。就像脸书的"点赞"按钮或苹果公司的人脸识别一样，一项创意的完全成熟往往需要不少时间。创新管道要容得下那些"大头在后边"的好点子。后文将讨论创新管道的相关内容。

4. 颠覆性创新

并不是所有的创新都会把企业推向市场巅峰，有的创新会从根本上撼动市场，甚至彻底摧毁现有市场。

20 世纪初，汽车摧毁了马车行业。

20 世纪五六十年代，航空旅行摧毁了横渡大西洋的客轮行业，它还摧毁了美国的铁路客运行业。

移动电话颠覆了传统的有线电话行业。（你上次见到公共电话是什么候的事？如果你足够年轻，很有可能从来没见过公用电话。）

奈飞颠覆了百视达，以及整个传统电影租赁行业。

面对优步，传统出租车行业毫无还手之力。

亚马逊颠覆了大型连锁书店，加速了原本早已疲弱不堪的连锁百货商场的覆灭，包括西尔斯百货、博斯通、玖熙和玩具反斗城等。

颠覆性创新的一个突出特征是无法预测。它就像野火，从没人注意的火星变成小小的火苗，最终连成燎原之势。当然，包括亚马逊的杰夫·贝佐斯在内，每位企业家都想成为颠覆者。这就像每个组乐队玩摇滚的小青年都想变成崔健一样。真正能做到的有几人？凤毛麟角！而且，从外部来看，很难预测哪些人能达到这一水平。

我敢和你打赌，就在你读到这段文字时，一定有些小公司做出了我们完全想不到的、疯狂的创新。它们正在奋力拼搏、野蛮生长，用不了几年，它们就会成为规模庞大的颠覆力量。

创新的多种来源

捕捉那些微小的火花、培养它们、把它们变成改变生活的创新，就必须知道它们来自哪里，学会辨认各种不同的来源。

有时，创新来自深思熟虑的追求和雄厚资金的支持；有时，在我们追求别的目标时，也会与新的创意不期而遇。创新可以在秘密状态下开展，也可以敲锣打鼓地追求。总之，通向创新的道路有千万条，下面是最主要的几条，需要重点了解。

1. 实验室

动员整个组织的力量，借助细致的规划，配合充足的资金，可以实现突破性创新。制药公司的新产品开发就是最典型的例子。每种投放市场的新药都离不开大量的时间和海量的资金投入。塔夫茨大学药物开发研究中心最近的一项研究指出，开发一种新处方药并取得上市许可的**平均**成本高达 26 亿美元。这一数字包括了 14 亿美元的平均现金支出，剩下的 12 亿美元是投资人在 10 年之内无法取得的回报，或者某种具有市场潜力的新药在开发阶段必不可少的支出。

该研究还提到，新药在获得许可之后，还需要追加 3.12 亿美元左右的开发费用，主要用于测试剂量与药效、剂型及新的适应症等。也就是说，一款新药的全生命周期成本高达 29 亿美元。

2017 年 3 月，美国太空探索技术公司（SpaceX）发射了猎鹰 9 号（Falcon 9）火箭。这也是有计划创新的明证。这一事件之所以成为头条新闻，是因为这是人类历史上第一次发射轨道火箭、火箭自行返回地球并安全着陆（在这次发射中，猎鹰 9 号的着陆点是大西洋上的一艘无人驾驶船[①]），且火箭将被翻新、用于再次发射。SpaceX 的 CEO 埃隆·马斯克指出："也就是说，我们完成了一级助推器的回收复用。要知道，助推器是火箭上造价最高的一部分。这将为宇航事业带来巨大的革命。"

在这个例子中，创新本身并不是前所未闻的新鲜事。在过去的几十年里，可复用火箭的开发一直是人们热衷的话题。然而，只有 SpaceX 真正投入其中，把它变成了现实。为此，他们建立了专门的实验室，提供了资金保障，坚持不懈地攻克了火箭回收复用难题。在这个过程中，SpaceX 积累了数量众多的小创新，正是这些创新的整合最终带来了举世瞩目的大突破。

有计划的创新不限于高投入的研发项目。1951 年，丰田公司正式建立了创意与建议系统（Creative Idea and Suggestion System，TCISS），有报道称，该系统每年能从全公司范围内的员工处收集 48 条新创意。恰

---

① 它的正式名称是"自动航天港无人船"（Autonomous Spaceport Drone Ship，ASDS）。

克·约克和诺曼·博德克在他们合著的《问就对了》(*All You Gotta Do Is' Ask*)一书中称，在这 48 条创意中，有 9 条会被采用。TCISS 也属于有计划的创新。因为它在丰田推行的时间非常长，所以，它能产生的新创意比例是可以预先估算的。尽管每项新创意的具体内容要到提交时才能得知，但是，总体的**创意流量**是完全可以计划的。因此，这一方法很早就被纳入正轨，变成了丰田日常经营活动的一部分。

无论是有资金支持的集中攻关，还是向一线员工征求意见的日常项目，组织的创新律令离不开稳定的、可预期的创意流量！

2. 偶然的发现

试图解决一个问题未果，却在偶然间发现了新大陆。这个新的发现解决了完全不同的新问题。这就是创新的第二种来源。工业领域里有很多这样的例子，有的已经传为佳话。它们的模式非常类似：研发人员致力于一项发明，遭遇了失败；有人发现，这项发明可以派上别的用场；然而，管理层过了很久才意识到这一点。最为人熟知的例子就是便利贴。便利贴的诞生不是一两次突破的结果，它前后经历了 4 次意料之外的突破。如今，小小的便利贴每年贡献的销售收入高达 10 亿美元。

（1）1968 年，3M 公司的化学家斯宾塞·西尔沃偶然配制出一种低黏性黏合剂。它是由小小的丙烯酸微球体组成的。这种黏合剂不会失去黏性，即使用过几次，依然很黏。

但是，西尔沃的上司对它没兴趣。于是，这种黏合剂滞留在 3M 公司的创新管道里，无人问津。

（2）1972 年，阿特·弗赖伊遇到一个难题。弗赖伊是 3M 公司的化学家，也是当地教堂唱诗班的文艺骨干。弗赖伊遇到了什么难题？他的纸书签总是从赞美诗集里掉出来。于是，他放了些西尔沃发明的黏合剂在书签上。结果，书签变得非常听话，老老实实地待在应该待的位置上，而且不会破坏书页。就这样，发明第一张便利贴的功劳归了弗赖伊。

3M 的老板还是不感兴趣。这个创意还是没有用武之地。

（3）一位名叫杰夫·尼科尔森的实验室主管非常看好这项创意。尼科尔森下定决心，如果 3M 市场部不肯推广这项产品，他的实验室团队就自己去推广。1977 年，这一产品试验性地投入了市场，它当时的名字叫作"易撕灵"。

一开始，"易撕灵"的销量差极了，3M 的老板不胜其烦，再次叫停了这个项目。

（4）1978 年，尼科尔森在美国爱达荷州博伊西市向当地居民免费发放这种便利贴的样品，结果有 90% 的人返回来继续领取。1980 年 4 月 6 日，斯宾塞·西尔沃最早取得突破的整整 12 年之后，这款产品终于冲出创新管道，重见天日，便利贴一登上美国各大商店的货架，立即引起了轰动。

无法预见的创新最难被发现，因此最难获得支持。它们或者是颠覆性的，或者要求管理者丢弃自己对"成功"的固有认识。

不管怎么说，当一种超出常规的，或者充满风险的事物到来时，人们采取的最安全的对策就是拒绝。商业界流传着这样一句格言：没人会因为不肯冒险而丢掉饭碗。很多组织会**奖赏规避风险**的做法。管理者受到的教育是：谨守规章制度，不要兴风作浪，对一切偏离商业计划的事说不。

有的时候，企业领导者很快就能发现创新。20 世纪 90 年代初，辉瑞制药完成了几项枸橼酸西地那非（sildenafil citrate）的初期实验。实验结果不尽如人意，它无法成为预期的心脏病药物。就在它即将遭到搁置的时候，临床试验中的男性志愿者报告，在试用这款药物的几天之内，他们会出现勃起增加的情况。辉瑞立即认识到，这款药物可能会在意想不到的市场上成为一枚重磅炸弹。于是，这家公司调整了研发方向。1998 年，这款名为万艾可（Viagra）的药物获得了美国食品与药品管理局（Food and Drug Administration，FDA）的批准，作为男性勃起功能障碍的治疗药物上市销售。在接下来的短短几个星期里，美国的药剂师一共开出了 4 万多张万艾可的处方，它成了有史以来最畅销的药物之一。

辉瑞成功地避开了一个常见的难题：锚定偏见。这是个文绉绉的心理学术语，指的是人们在做决策时过于依赖自己获得的初始信息（即"锚"）的倾向性。实验证明，枸橼酸西地那非不能有效地治疗心脏病，在锚定偏见的作用下，辉瑞的研究人员本来可以把它束之高阁。然而，他们看到了条框以外的可能性，愿意为之做出新的探索，发现新的价值。

3. 合作伙伴的协作

创新的第三个重要来源是休戚与共的合作伙伴。下面是几个例子。

利益相关者的合作。组织与利益相关者开展目的明确的合作，能够产生强大的洞察力，带来不可思议的全新创新。利益相关者可以分为问题导向、机会导向和客户导向等 3 个层次。

有助于推动企业协作的方法主要有黑客竞赛、借助企业社交网络吸引社会力量的参与、创新竞赛和有针对性的创意会议等。

企业要把利益相关者视为新产品和服务开发过程的合作伙伴，这一点至关重要。正如《技术创新管理评论》杂志指出的："研究证明了过去 20 年间，组织与利益相关者共同创新这一做法的重要性。无论是供应商、客户还是用户，他们往往具备广泛的知识和技能，这些知识和技能都是在创新开发过程中求之不得的，但往往未能得到有效利用。"与利益相关者的合作不仅能帮助企业更高效地满足客户需求，还能缩短开发时间、提高工作绩效、降低成本。

供应商合作。供应商也是企业创新的重要来源，但他们的作用往往遭到忽视。美国供应管理协会（Institute for Supply Management，ISM）指出，要让供应商在创新活动的初期参与进来，最重要的原因是他们能提供企业自身不具备的各项能力。这样做还能缩短上市时间、提高产品或服务的竞争力。

ISM 还发现，90% 的**龙头**企业建有专门用于与供应商合作的结构化流程；而在**普通**企业中，这一比例只有 54%。这项研究还表明，龙头企业普遍期望在未来进一步做好供应商协作创新工作。

供应商一旦参与到开发过程中，采购部门也会顺理成章地参与到战略决策过程中。于是，采购部门的职责超越了降低成本和提高效率的固有职责，开始注重价值的创造和利润的获取。

品牌合作。企业与市场上的其他品牌开展合作，它们立足于自身的业务和客户，面向对方的业务和客户，创造互惠互利的新商机。

"COLAB"一词最近在全球范围内流行开来，它指的正是品牌之间的双向合作。对此，艾丽森·科尔曼在维珍的官方网站上这样评价：成功的品牌合作要求品牌双方能够在对方既有的市场上获利，或者能够通过某种竞争对手无法复制的合作关系填补某项市场空白。

品牌之间的合作能形成令人惊喜的跨界联盟，这是一望便知的最大吸引力。维珍大西洋航空公司和连体衣原创品牌 OnePiece 合作推出了限量版 OnePiece 连体衣，专供前者头等舱旅客。这是两个风马牛不相及的高端品牌为它们共同的消费者开展的一次成功合作。

李维斯成立于 1853 年，比它更老派的品牌并不多见。然而，正是这家老派企业与互联网巨头谷歌联合进军了可穿戴技术市场。李维斯和谷歌推出了代号为"提花布计划"的联合项目，生产一种名为提花布的通勤夹克。这是一款通过触控和手势互动的牛仔夹克，它的设计帮助用户在骑自行车时通过夹克直接操控手机，不需要把手机从口袋里取出来。例如，用户只要轻轻点击衣袖或者在衣袖上滑动手指，就可以进入地图应用或者在声田上切换歌曲。这样的设计保证了用户的骑行安全。

用户社区合作。我们在得伟和 DHL 的例子里看到，还有一种为用户带来最佳创新的好办法，就是和用户一起创新。很多组织建立了创新空间，在这里和客户或者用户共同投入了大量时间，极大地拓宽了产品类别，做出了前所未有的、令人激动的、以客户为中心的创新。

瑞典家居零售厂商宜家家居堪称与客户共同创新的典范。这家企业的成功创意说起来很简单，广为人知：

● 在全球范围内采购部件，生产高质量的家居产品；
● 更有效地匹配不同参与者的创意能力。

宜家商业策略的第二部分借助的正是共同创造的力量。宜家以实惠的价格为客户提供新潮的家居产品。之所以能做到这一点，主要是因为宜家把本该由厂商完成的一部分工作交给了客户，那就是家具的组装。通过让客户分担一部分具体工作的办法来为客户创造价值，这是理解价值共创的关键。

你也有客户，你的客户也有他们的点子和实践知识。请问，你有没有用好他们的力量？如果没有，请务必把他们纳入你的创新操作系统。关于我们的产品和服务，客户总是能提出数不清的看法，并且乐于无偿分享给我们。这太令人惊喜了，简直无法拒绝！

4. 众包

创新甚至可以来自素不相识的人。这个想法可能会让传统管理者头皮发麻。但是，依靠陌生人合作解决问题的做法正在变得越来越常见。随着互联网这个可靠的全球平台的兴起，企业和大众关于创新项目的互动大量涌现。它涉及的领域非常广泛，包括移动 App、视频游戏、企业软件开发、基因组学、运筹研究、预测分析和市场营销等很多方面。

很多情况下，众包比组织内部创新更高效，也能产生更好的成果。

很多企业，尤其是功成名就的老企业，总是倾向于构建组织完善的环境，组织和发挥专业知识的力量，达到把握创新机会、解决问题的目标。这种做法的缺点非常明显：创新的力量容易被先入之见和各种假定束缚，跳不出关于什么能做、什么不能做的事先预设。而且，员工和利益相关者的数量也会限制创新能力的发挥。

相比之下，网上的群众是流动的、去中心化的。我们可以把问题提给一群人，他们由众多个体组成、多样化程度极高，这些人的经历、技能和视角千差万别。他们的规模甚至可能比现存最庞大、最复杂的跨国企业还要大。他们能带来更多的、专注于解决既定问题的个体的参与。

正如凯文·布德罗和卡林·拉哈尼在《哈佛商业评论》杂志上指出的："笼统地说，通过众包获得创新共有 4 种形式：竞赛、合作型社区、互补者和劳动力市场。这 4 种形式各具特色、各有千秋。"

竞赛。组织者招募一群各自独立的参赛个体，向一个与创新相关的难题发起挑战，通过这种形式解决自身面临的难题。形式方面，组织者要做出两个最关键的决定：要不要设立奖项？是采用限定参与的方式还是采用开放竞赛的方式？

赛制方面，既可以由参赛者个人提交新创意，交给主办方评审；也可以采用为组织者选定和展示的方案投票的形式。例如，麻省理工学院的气候合作实验室就是一个旨在解决问题的开放平台，它拥有一个用户超过 9 万人的社区，包括全球顶尖的气候变化和相关领域的专家学者，它的人数还在持续增长。这个社区旨在研究和评估与全球气候变化影响有关的各种方案。气候合作实验室的官方网站提出："Linux 敞开了大门，欢迎数以千计的软件开发者帮助搭建操作系统；世界上最大的百科全书——维基百科接受任何人的编辑；和它们一样，'气候合作实验室'欢迎全世界的个人和组织帮助我们建成类似的实施计划。"

每个人都可以加入气候合作实验室的开放社区，参与这项工作。假如你在该社区的网站上看到了一项感兴趣的方案，可以为它提供支持。内部评委选出入围名单之后，你可以为自己喜欢的项目投票，还可以点评每一项方案。你也可以加入其中的项目团队，为这些项目贡献自己的力量。如果你有一个好点子，也可以在这里发起自己的方案。

2016 年 8 月，"零碳智能城市挑战赛"的大奖颁给了一个名为"智能气候"的软件项目。这个项目的目标是"打造一款'仪表板'，使城市能够一目了然地掌握各个行业、各种规模的企业以及各个排放源的排放情况，便捷地追踪它们的改进情况"。

合作型社区。在合作型社区里，每个人自愿承担解决问题或者改进现有产品的工作。合作型社区最好的例子是维基百科。它得益于全新组织模式下的全球性、高度多样化的众包合作，彻底颠覆了传统模式的百科全书。（还记得小时候放在客厅书架上的多卷本、大部头《世界百科全书》吗？）维基百科编者社区的规模极其庞大，在组织化的指导原则下，每一个词条都会经过很多人的检视，这确保了对内容质量的完全监测。维基百科采用自动流程，协同和汇总群体编辑工作，每一处的每一次更改都留有记录。

如果参与者能在汇总和重新合并创意时充分自由地分享信息，那么，合作型社区将是效率最高的一种创新方式。

这同时意味着，知识产权的保护将会变得难上加难。

众包互补者。它指的是直接销售某种产品或者服务的企业，这些企业的产品或服务是通过为对方的客户增加价值而做到彼此互补的。

我们最熟悉的例子莫过于智能手机上数以千万计的第三方 App。史上排名第一的智能手机 App 是（此处应有急促的锣鼓点）……愤怒的小鸟！它亮相于 2009 年，截至本书写作时，愤怒的小鸟系列游戏的合并下载量累计达到了 30 亿次。这是一款免费增值类型的 App。免费增值的含义是免费下载，用户可以通过付费购买完整的关卡和额外的福利。

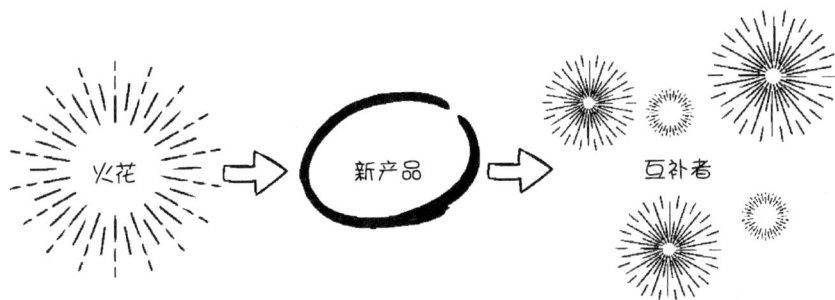

众包互补者并不是新鲜事物。早在 1909 年，福特汽车公司在推出 T 型车时，就刻意把这款产品做成非常基本和经济的款式。数以百万计的 T 型车刚被送下生产线，独立众包互补者们立即蜂拥而至，形成了一个庞大的 T 型车配件配饰二级市场。这些企业的产品几乎无所不包，从缓冲器（T 型车出厂时没有缓冲器）到引擎零配件、刹车配件、座椅、车身改装服务等。这些企业的客户是那些想多花些钱把自己的爱车装得更好的车主。

福特汽车并没有开发、拥有或者销售这些产品，但是，它允许众包商家针对其 T 型车开展创新，为之生产附加产品。这种方式能提升主产品的需求量。打个比方，你知道某款手机可以运行你喜欢的所有 App，那么，你更有可能掏钱购买这款手机。

在这种模式下，可以通过应用程序界面（Application Programming Interfaces，API）和开发者协议保护知识产权。这在苹果应用商店得到了普遍的应用。在高度多样化和数量庞大的互补产品能够为某一核心产品创造价值的情况下，这种模式能发挥出最大的作用。

这一类型众包的管理难度可能比较高，尽管如此，如果风险管理团队能够把握目标、把它的作用发挥到最大，就能成功地把这种方式变成现实。

众包劳动力市场。人们通过招募自由职业者来解决问题或者完成任务的场所。方法非常简单，登录第三方中介机构就够了，如 Upwork、Guru、Clickworker、ShortTask、Samasource、Freelancer 或 CloudCrowd 等。这些平台灵活性极高，能够发现市场，把人们的技能同需要这些技能的任务对接起来。众包劳动力平台已经形成了一个庞大的产业。以 Upwork 为例，这个位于美国加州山景城和旧金山的平台拥有 1 200 万名注册自由职业者和 500 万名注册需求者，每年发布任务 300 万项，价值总计 10 亿美元。

5. 开放式创新

开放式创新要求创新者把自己的创意、专长和技能同组织之外的创意、专长和技能结合起来，最大限度地通过最高效的方式把成果推向市场。

最简单的例子是向其他公司购买工艺或者发明（专利），或者取得其授权许可。对于开放式创新而言，创新是"拿来主义"的，一家企业可以直接从外部购买创新。开放式创新也可以是反其道而行的，企业可以通过现有业务以外的渠道实现内部创意的商业化。这类企业包括一些初创公司，它们的资金和人员部分由自己解决，部分通过授权许可协议解决。根据这一协议，一家企业闲置不用的技术将被授权给外部企业使用，这些外部企业甚至可以是自己的竞争对手。

过剩产能也可以作为商品出售给客户，如亚马逊网络服务（Amazon Web Services，AWS）。它是亚马逊的一家子公司，以付费订阅的方式向个人、企业和政府提供云计算平台按需服务。AWS 的创意产生于 2003 年。亚马逊的工程师克里斯·平卡姆和本杰明·布莱克建议公司把虚拟服务器的使用权作为一项有偿服务出售，让新的基础设施投资为公司带来收入。

企业也可以借助开放式创新工具的力量。开放式创新服务提供商多如牛毛，既可以提供精心设计的辅助模式，也可以建立便捷的网站来发布创意，代表企业有 NineSigma、InnoCentive、the Innovation Xchange 和 Planet Eureka 等。

例如，希悦尔公司是一家包装企业，旗下的知名品牌有快尔卫食品包装、气泡膜缓冲包装和泰华施清洁及卫生用品等。这家企业拥有自己的研发团队，也与 NineSigma 开展合作，后者是一家为公共领域、私营领域和非营利机构设计和管理开放式创新解决方案的企业。

布莱恩·柴尔德里斯是希悦尔公司的研发科学家，也是该公司的开放式创新协调人。他告诉《工业周刊》，希悦尔公司的营销人员发现了一种特制阀门的包装需求，公司的内部研发人员试图为此开发解决方案。但是，囿于技术、工期和成本等因素的限制，"他们确实无法在规定时间内拿出客户需要的东西。时间紧、任务重，堆积如山的问题已经让他们不堪重负了"。

希悦尔公司决定把这个问题发布到 NineSigma 全球达人网络上。很快，他们收到了来自世界各地的几十条回应。在评估这些回应之后，希悦尔在短短 9 个月的时间里拿出了一套行之有效的解决方案。

想要高质量地完成创新，单凭深藏在总部大楼秘密实验室的几位科学家是远远不够的。我们完全可以借助外部大脑来推动本组织的进步。只要发挥一点点想象力，制订出计划就够了。

创新……沙子也能创新！

有家建筑骨料公司最近成了我们的客户。什么是建筑骨料？其实就是沙子和碎石。

是的，沙子和碎石。这种商品随处可见，也谈不上品质提升问题。从秦始皇造长城到现在，沙子和石头一直没变过样。

这家公司的 CEO 我们叫他老王，他对自己的销售利润不太满意。钱一年比一年难赚，虽然产品的需求还说得过去，无奈成本越涨越高。燃油成本和劳动力成本是最让他头痛的两大问题。

我们告诉老王："你要创新。一定要想在别人前面，做在别人前面。换个眼光，把公司运营的每个部分重新评估一遍。"

"创新？你让我发明一种新的石头吗？我是女娲吗？"老王回答，"你这算哪门子的主意？我的客户都是干建筑的，他们对沙石采购的要求非常具体。我卖的产品有碎石路基层、豆砾石、碎石、采石工艺、堆石。多了没有，就这些。"

老王说的我们都明白，我们接着向他解释。创新不仅是新发明。实际上，很多创新和产品没什么关系。很多组织通过各种各样的方式完成创新，如改进供应链、完善人力资源政策，或者把市场营销活动搞得更加有声有色等。有时甚至会为此改革公司的管理架构。有的公司会为司空见惯的产品探索新颖的销售途径，把它们卖到新的市场。

"哦，是吗？"老王说。他开始感到好奇。这是个好兆头。

我们问他："您平时怎么解决产品的长途运输问题？比方说，沿着海岸线运到几百公里以外的地方？"

"我们用的是远洋货船。不只我们，大家都是这么运的。有时也用卡车运。卡车的运费特别贵，但我们别无选择。"老王无奈地耸耸肩。

"你可以从这里开始创新，挪威化工集团雅苒就是这么做的。"

"他们是怎么做的？"

"为了运输化肥产品，雅苒公司专门建造了一种电池动力的自动集装箱船。到 2020 年，这种船会拥有完全无人驾驶的能力。这种新型无人船的名字叫作雅苒伯克兰，它会取代柴油卡车，把化肥从工厂直接运到港口，每年能节省出 4 万趟卡车的运输费用。"我们告诉老王。

"真的吗？这种船会自动航行？"

"是的，目前仅限于沿着海岸线航行。实际上，现在全球供应链的创新层出不穷。比如，欧洲有个跨国合作项目正在研发自动驾驶卡车车队，把货物从港口运输到内陆目的地。新加坡是全世界最繁忙的港口之一，它大量使用了自动驾驶卡车，用来在码头之间运送集装箱。罗尔斯·罗伊斯公司正在开发一种'智能船'，2020 年即将投入使用。重货运输行业正在经历重大创新，你也要跟上时代的步伐呀！"

老王改变了对创新的态度。他发现，即使身在建筑骨料行业，依然有很多机会发挥新技术和新方法的力量，提高收入、降低成本。确实，他出售的沙子和秦始皇时代的沙子没什么两样，但是，**如何完成沙子的销售，这才是关键**，它会为你的客户服务能力、价值传递能力、盈利能力带来极大的改变。

于是，老王欣然接受了创新律令。

行动起来！

1. 明确愿景

如果你还没有建立起组织愿景，或者你的组织愿景已经过时了，请务必及时建立或者更新它。只有建立了一套明确的价值，以此作为参照，新创意的对比和评估工作才能做到有的放矢。组织愿景会帮助你判断哪些火花是有用的，哪些火花应该丢弃。

2. 理解创新的本质

创新如水，水无常形，它总是自然流淌在我们身边。创新绝不是宝葫芦里的秘密，不是只有超级大脑或者神气活现的咨询顾问才搞得懂。创意的火花可能出现在组织的任何地方，可能是董事会的会议室里，也可能是货物的装卸平台上。

3. 要认清可持续创新的价值，无论它是有备而来的，还是偶然发生的

要么能赚钱、要么能省钱，这样的创意才称得上好的创意。它是每个企业都离不开的命脉。无论新创意是渐进性的、突破性的还是颠覆性的，都要始终保持创新管道的流动和通畅。希望你能做到这一点，因为你的竞争对手一定能做到。

4. 做出投入

不要依赖运气或偶然！创新需要持续的评估和必要的资金支持，它也是企业赖以成功的长期战略之一。只要持之以恒地追求下去，即使是渐进性创新也能带来令人惊叹的成果，帮助企业保持领先地位。

不创新？伤不起！

第二章
Chapter 2

创新，来真的！

第一章介绍了创新的定义，即"创造新价值，为组织的愿景和客户服务"，阐述了把创新融入组织脉络并坚持不懈的必要性。组织想要生存和发展，就要持之以恒地、有条不紊地完成创新。具体的方法有很多，适合自己的才是最好的。

基础已经铺垫完毕，现在是时候开始行动，在你的组织里落实创新律令了。

幸运的是，人类生来就是创新者。可以这样说，创新这件事，只要开始，就已经成功了一半。可能你的公司正在创新。这很好！

连贯性和质量非常重要。领导者要建立一套**体系**，方便收集和评估员工的创意火花。要把它们当作潜在资产来看待，这是领导者的职责。创意一经选定，就要把它从**理论**变成**现实**，把创意火花的潜在能量释放出来。

从理论到现实的转变不可能自行完成，也不会偶然发生。创新的收益要通过结构化的努力来实现。

有时候，刚被提出来的新创意看上去特别有吸引力。然而，往往因为组织缺乏强烈的主观能动性，也没有适宜的系统来接纳它们、发挥它们真正的能量，让太多的创新火花遭到了忽视和冷落。它们在沉寂中冷却，慢慢消亡。这太令人遗憾了。

面对具体工作时，任何犹疑都是有害的、危险的，会妨碍组织成功。想成为创新赢家，先要打磨自身的领导技能，并且运用这一技能把创新当作核心竞争能力推向前进。同时，也要让创新变得通俗易懂，让企业的每一位利益相关者都能理解它。为了让培育和鼓励创新的努力更好理解、更方便记忆，我的团队归纳了一个首字母缩略词——REAL。这个四字真言包括 4 个要点：

REAL ▤
review + encourage + act + lead

［REAL= 审核（Review，R）+ 鼓励（Encourage，E）+ 行动（Act，A）+
领导（Lead，L）］

下面是详细的解释。

审核

有些管理者沉迷于创新的念头，仓促地直奔主题，全然不顾自己的组织是否准备就绪，能不能接纳持久创新的文化。这种做法的风险很大，创新的火花可能因此落入潮湿的树林里，再也无法点燃。这一定不是你想要的结果。

如果没有一套健全的创新操作系统，无论是每季度举办一次黑客竞赛，还是摆放乒乓球台、把空屋子挂上"创新实验室"的牌子、安装白板、上班可以穿牛仔裤，都不过是装点门面罢了。有些组织领导者看到了这些把戏就信以为真，以为员工已经做好了创新的准备。其实不然，关键要素统统没有具备，持久的、有利可图的创新八字还没一撇。

两个最关键的问题

第一个问题："作为领导者，我自己准备好了吗？我愿意为那些表现出价值、值得投入的新点子提供支持吗？"

第二个问题："员工心里是否相信领导层会尊重他们的新想法？员工会积极响应公司对新创意的号召吗？他们会不会觉得这不过又是个花架子而已？"

强调一下，我们想要的答案是："是的，大家都准备好了。"

支离破碎的、零敲碎打的创新计划是远远不够的。一定要先审视企业的现状，再动手设计创新操作系统。这套系统要触及组织的各个角落，配备面向盈利能力建设的、可以逐步落实的模板。只有这样，才能充分发挥创新律令的力量。审查现状的过程一定要有各个层级的参与和投入，要囊括组织的每一个业务单位。一个都不能少。

创新律令要有明确的方向。无论创新的规模是大是小、是长期还是短期，都要设定清晰的目标。从节约流程时间到改善产品，每种类型的创新都要明确：我们想要的是什么？有多少时间用来实现它？怎样才算成功？

鼓励

一旦建立了可行的创新战略，就要为之匹配必不可少的系统和工具。组织管理者要批准和支持这些系统和工具，并为它们提供资金支持。换句话说，理论一旦形成并被接受，领导者必须跟进，通过明确的工作指令给予支持。

领导者是培养创新文化的关键角色，包括他们以身作则、言行一致的垂范作用。因为失败是创新的题中应有之义，所以，领导者要经常对从未验证过的、全新的、甚至颠覆性的创意表示支持。不断地把创新的愿景传达给员工，保证让每个人都知晓。

有效的创新律令包括一系列的活动和系统，它们会鼓励团队成员投身创新的赛场（是的，创新就像比赛，它会带给获胜者极为丰厚的奖品）。这些流程的设计是为了增加进入创新管道的创意数量。请记住，创新从来都是一项高投入、低产出的任务。简单来说，失败是创新的家常便饭。团队成员贡献的想法，也许只有 1/10 能存活和盈利。这是再正常不过的！

它和我们熟悉的标准项目的开发过程没什么两样。项目开发的周期主要包括：①头脑风暴；②协作；③计划；④落实；⑤评估；⑥结束（如果不再继续）。

头脑风暴阶段鼓励每一位参与者提出自己的**想法**，无论它是好点子、坏主意还是天马行空的狂想。所有的项目开发专家都会告诉你，在这个重要的起始阶段，要让每位参与者畅所欲言，哪怕是牵强附会的想法也没关系。只有每个人都有机会发言，才谈得上想法的堆积，才有可能保留有希望的想法，舍弃不切实际的想法。没人对提出不切实际想法的人提意见。要做到知无不言，言者无罪。

创新文化也是一样。在初始阶段，**数量和质量同样重要**。创意火花，多多益善！

行动

审核与鼓励之后，组织上下要按照既定的创新战略**行动**起来。行动的目标是识别、评估和培养来自各个渠道的新创意，并为它们提供资金保障。要重点保证创新管道的充盈。较大规模的企业需要一位专门的创新总监或者一个专门的创新部门，负责管理和跟进源源不断涌出的创新。

一项设计良好的员工建议制度，一定要有组织的投入、领导者的明确支持和顺畅的沟通渠道。它会积极影响员工的热情和积极性，影响到组织的创新管道，并最终影响企业的盈亏底线。也可以举行部门级别的头脑风暴会议，或者在员工每周例会上拿出一些时间开个"诸葛亮会"，征求一下大家的意见。有的公司每个月专门拿出一天的时间，开个午餐会，请每位员工至少提出一个新点子。这也是不错的做法。

如果员工需要一套结构才能更好地行动起来，可以考虑类似 Spigit 的数字平台。这些平台能把管理者与员工、合作伙伴和客户的集体智慧连接起来，发现最好的创意，做出正确的决策。它们能促进利益相关者的参与，应对种种明确的创新挑战。一定要做好准备，进行全面的创新差距分析，在确定技术工具之前，先要明确更高一级的创新任务。创新是由人驱动的过程，但它也需要一系列技术工具的帮助。这值得付出极大的细心和耐心。

决断

在积累了一定数量的新创意之后，或者，更理想的情况是，在建立了稳定的创新流之后，下一步是评估每项创意，然后采取下面决策中的一项：①接受；②不接受；③发回详细研究，可能为之提供资金支持。

请切记一点，对于那些向"老板们"献计献策的员工来说，没有什么比意见石沉大海、收不到任何回音更让人灰心丧气的了。所以，每次收到一条建议，请务必在 24 小时之内告知对方：我已经收到了。哪怕是简单的一句"谢谢你的宝贵意见"也是好的。如果可能的话，请尽量提供具体的处理意见，是接受、不接受还是需要进一步研究。

纵观我们收到的新创意，可以很容易地发现，新创意的数量往往随着一系列风险/成本和回报情况呈现下降趋势。如果画一个坐标网格，把纵轴 X 设为风险/成本，越往上越高；把横轴 Y 设为收益，越往右越高。那么，低风险低回报的创意就会集中在坐标网格的左下角，高风险高回报的创意则积聚在右上角。

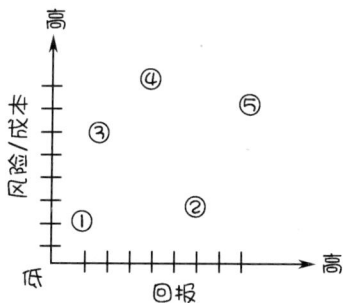

风险和回报

如上图所示，想法①属于低风险/成本、低回报类型。也许它看上去并不起眼，但是，如果它属于持续性创新项目（即持续改进项目），就像川流不息的、低风险低回报创新河流中的一滴水，它就是有价值的。就像丰田公司 CEO 渡边捷昭说的，通过这样水滴石穿的方法坚持创新 70 年，一定能迎来革命性的改变！

想法②属于低风险/成本、高回报类型。你还在等什么？还不牢牢抓住它！

想法③和想法④属于高风险/成本、低预期回报类型。没人会为它们浪费时间。

想法⑤属于高风险/成本、高回报类型。它们通常是令人窒息的创新豪赌，会带来爆炸性新闻。例如，埃隆·马斯克发射火箭携带他的电动跑车进入环绕太阳的轨道，或者电影公司孤注一掷，为一部暑期超级英雄大片投入几亿美元。赌得大，赢得（或者输得）也大。

豪赌的方式也可以不那么招摇。例如，2010 年，达美乐比萨推出了一条电视广告，主题为"我们的比萨糟透了"。达美乐员工在广告里朗读客户差评——一位达美乐高管阴沉着脸朗读："这是我吃过的最差的比萨，简直味同嚼蜡。"一位焦点小组的女专家："达美乐的饼皮吃起来就像硬纸板。"一名员工泪水涟涟地读着："馅料尝起来就像番茄酱一样。"

是不是很冒险？是的。是不是很创新？同样是的。根据《华盛顿邮报》的报道，达美乐这样的广告策略并非出于危机或者真的业绩不佳。与此相反，达美乐想通过抨击自家比萨的做法彰显自己把工作做得更好的决心。达美乐的新任 CEO 帕特里克·道尔表示："我们想让客户看到，我们在倾听他们的声音，即便如此尖锐直率的批评，我们都能接受。"

达美乐的股价如何？2010 年，它的股价徘徊在 13 美元左右。广告播出之后，达美乐的股价开始稳步攀升，2018 年 3 月达到了 230 美元。

让我们回到风险/回报图表中，很显然，想法②是最令人渴望的，因为它兼具低风险和高收益两大优点。然而，令人难以置信的是，即便落入这个"甜区"的创意，也常常遭到拒绝。拒绝它们的人是领导者，那些看不见创新或者不珍视创新的领导者。

这样的例子有很多，其中不乏有趣的故事。以下试举几则。

● 1927 年，默片时代。华纳兄弟电影公司的创始人之一哈利·华纳说："得了吧，谁会喜欢听到演员说话？"

● 1977 年，数字设备公司创始人兼董事长、总裁肯·奥尔森说："人们没有理由在自己家里放上一台电脑。"

● 创业初期，苹果公司的创始人史蒂夫·乔布斯试图向大科技公司推销个人电脑。乔布斯回忆说："我们对雅达利的人说，'瞧瞧，我们搞出了个多漂亮的产品，它还用了些你们的零部件。怎么样？你们考虑出资吗？就算不出资，把它送给你们也行。我们就是想做成它。只要付工钱，我们明天就可以来这上班，为你们打工。'结果他们说'不必了'。于是，我们又跑到惠普那里。惠普的人对我说：'我们不会雇用你的。你连大学都没念完。'"

● 2015 年，爱彼迎的联合创始人兼 CEO 布莱恩·切斯基在一篇博客中写道："2008 年 6 月 26 日，我们的好朋友迈克尔·赛博尔介绍 7 位享誉硅谷的投资人给我们。我们当时的目标是融资 15 万美元，达到 150 万美元的估值。也就是说，15 万美元就能买到爱彼迎的 1/10。结果呢？其中的 5 位拒绝了我们，另外 2 位连电子邮件都没回复。"

确实，智者千虑，必有一失。管理者要对新想法抱着开放的心态，要懂得如何评估一个想法的风险和收益，并在必要时采取行动。

千万记住，不能只顾着防范风险！多年来，咨询顾问和管理者炮制了很多创新评估与管理的流程，其中的绝大多数是极端复杂、完全以风险防控为核心的。实际上，大多数组织平时使用的体系也是完全围绕**风险管理**展开的。这就好比玩游戏，你的目的不是胜利，而是保证别输。

以风险防控为核心的评价与管理流程很难带来颠覆性创新或突破性创新，无法形成大的机会。所以，它是培养渐进式创新的典型流程。对创新律令最好的理解是，它就像一种股票投资组合，由一系列的创新组成，既包括高风险、高收益的创新，也包括低风险、低收益的创新。我们都明白风险收益同步增长的道理，所以，如果想收获一次巨大的成功，可能不得不承担同样巨大的风险。假如你不愿意这样做，那么，渐进式创新可能更适合你。

领导

创新领导力中心（Center for Creative Leadership，CCL）指出："研究表明，对于组织的创新氛围而言，高达 20% ～ 67%的差别可以直接归结于**领导者的行为**。这就意味着，组织领导者必须以身作则地推动和支持整个组织的创新。"创新离不开有始有终、强健有力的领导者。如果没有领导者的投入，就算世界上最好的创新战略也会失败。创新需要内行的领导者，他们要拥有与创新相关的核心能力；创新还需要领导者专心一致的投入，把创新变成企业的内在基因，取得创新回报。如此循环往复，日复一日、月复一月、年复一年。

CCL 提出了领导者的 3 项任务，即设定方向、建立标准、全力以赴。只有当这些核心任务围绕创新充分展开时，企业才会更加富有创新性，也更富有生产力。

创新律令要确保把想法转化为现实。一项创新，无论是流程改进，还是技术、营销创新或者其他方面的创新，都必须接入组织的产品线或日常的经营管理中。只有如此，它的价值才能得到证实，或者证伪。

这就离不开领导者的认可和支持，因为他们才是掌控资源、调配资源的人，包括资金资源和时间资源等。

创新代表的是改变，无论是新的发明，还是新产品或新的业务流程，创新都是对现行工作完成方式的改变。我们知道，大多数人是不愿意改变工作常规的，这是人之常情。

创新先锋

无论是为了某个特定项目，还是为了管理创新文化，都可能需要一位创新先锋。他是在时机成熟、需要把想法付诸行动时，在必要的情况下，有办法取得领导者支持的那个人。

创新先锋对创新的繁荣发展充满了热情。他们不一定是顶尖的谋略家或创意天才；相反，他们是启发者、助力者和撮合者。创新先锋是一项创新成功落地的关键人物，但他们的作用远远不限于最初的市场启动阶段，他们还会发挥项目负责人的补充作用。通过一连串的市场启动活动，创新先锋会逐渐清晰地理解那些对客户和员工同样重要的利益，明白如何通过提供物流、技术和经济手段来支持创新的拥护者。

CSAA 保险集团的火花式创新

人们通常认为，只有像苹果和谷歌那样引领潮流的高科技企业才能建立持续不断的创新火花流。

实际上，这个想法错得离谱。

无论哪个行业都**可以**创新，也**应该**创新。请记住一点，创新并不是造出一个光彩夺目、引人入胜的新物件，或者令人激动的数字设备那么简单。供应链可以创新，人力资源、设施运营、客户服务，以及运营涉及的任何方面都可以创新。创新既可以是赚钱的，也可以是省钱的。对组织的盈利原则来说，赚钱和省钱都是好的。

CSAA保险集团的总部位于美国加利福尼亚州核桃溪市，主要客户是美国汽车协会的会员家庭。该集团拥有3 800多名员工，每年在30个州签署总额为40亿美元的保险合同。这家老字号保险公司成立于1914年，他们非常重视创新，甚至把创新放进了公司的愿景："我们的创新：我们致力于建设敏捷性和适应能力，适应和推动影响汽车、家庭和市场的颠覆性潮流与技术。CSAA保险集团的创新就是发现新的、更好的方式，提升服务、创造卓越的会员体验，开发新的产品和服务，扩大合作，提高收入。"

请注意，这段宣言的最后两个字是"收入"。在CSAA保险集团，创新不是自我感觉良好的过家家，它会为CSAA保险集团**赚取更多的真金白银**。

CSAA保险集团识别和支持3种具体类型的创新：连续性创新、持久性创新、颠覆性创新。

CSAA保险集团认识到，自己不是制药巨头，也不是硅谷高科技企业，大部分创新策略应该落在员工参与开发的连续性创新上。持之以恒、日积月累的创新同样可以极大地提高公司的核心业务。普通员工身处一线，他们中既有保险理赔人，也有呼叫中心话务员，他们有能力提出关于日常业务流程、客户体验和公司保险产品等各方面的连续性创新意见。

即使对一家保险公司来说，持久性创新和颠覆性创新也不是没有可能的。以持久性创新为例，它可以是一项新的产品或者新的客户数字化体验，如智能手机App等。颠覆性创新可以是提供一种面向无人驾驶汽车的新型保险。就连专业车险公司都没搞清楚怎样为无人车保险！是不是很颠覆？

CSAA保险集团对创新的投入并不是嘴上说说的，而是有实际行动支持的。2017 年 8 月，《哈佛商业评论》报道，CSAA 保险集团为所有员工提供了创新培训。培训立足于设计思维，为员工提供创新工具和实用演练，鼓励每位员工针对产品方案、客户体验和业务流程的提升提出新创意。公司还专门拿出半天的时间，请员工对影响各自业务领域的问题开展头脑风暴，找出解决办法。《哈佛商业评论》指出，这种低成本的投入带来了真正的成果。在其中一场头脑风暴会议上，一个销售团队在检查了呼叫数据之后指出，公司改善了来电语音提示，这让误转到该部门的客户电话减少了40%。另一个团队简化了保险证明卡的发放流程，还牵头开发了"智能理赔"系统，能帮助索赔人提交受损财物的数字照片，进行线上审核。

CSAA 保险集团还建有"创新中心"。这是一个向所有员工开放的在线门户网站，囊括了各种资源，包括创新专家的文章、可以自定进度的培训资料、带有创新大事记的日历、设计思维工具包等。

看看 CSAA 保险集团发布的创新工具包，集团 CEO 宝拉·唐尼在"CEO 的话"里提到："因为创新是集团战略计划的聚焦点，因此，你一定知道它对我们非常重要。它究竟有多重要呢？简而言之，创新就是我们的未来。实际上，我们已经在 3 个方面加速了创新的脚步：首先是日常工作，然后是我们开发的新产品和新服务，最后是动员整个公司积极探索保险行业的下一次重大突破。"

创新是 CSAA 保险集团的未来。它同样应该成为你的未来。

行动起来！

1. 了解你的企业

要审视自身的创新能力和它应处的位置，广泛听取利益相关者的意见。老实说：你有没有因为你的市场看上去很稳定、客户很满意而感到高枕无忧？你不该这么怡然自得！要知道，如今各个行业洗牌之快、颠覆之彻底，已经达到了前所未有的程度。如果不能建立创新文化，早晚会眼睁睁地看着自己的市场地位消失殆尽，一筹莫展。

2. 设计属于自己的创新律令

本书提出了一些指导原则和关键看法，但是，天下没有两家一模一样的公司。适用于 CSAA 保险集团的创新律令，一定不适合苹果公司，也一样不适合你的公司。我们要发现和培育属于自己的创新力量，把它与我们的愿景和财务目标匹配起来。

3. 树立切实可行的组织转型最低目标，成为创新引领者

不要等到万事俱备！记住，创新不是短期项目，而是企业不可分割的组成部分。现在就行动起来，一边评估一边调整。听取利益相关者的意见。如果一项创意的前景一片光明，就为它提供资金，并对结果提出要求。要积极宣传那些获得成功的创新。不要担心有的创意太过疯狂，去粗取精即可。要让员工成为创新管道上最重要的组成部分。还有，永远不要停下创新的脚步！

第三章
Chapter 3

睿智的创新与愚笨的创新

从全球领先的大型企业，到野蛮生长的初创公司，组织领导者对创新律令的态度堪称千差万别。

大多数领导者都会迅速了然：要么在整个组织范围内倡导创新文化，要么加强和扩充已有的创新。

但也有人提出反对意见。虽然他们人数不多，但足以引起重视。在他们看来，所谓"创新"实际上多是无用和浪费的做法，既不能产生真正的收益，也无法带来投资回报。他们认为，致力于这样的创新，也许能让一些领导和员工"感觉好极了"，但是，良好的感觉当不了钱花，也无法支付水电费账单。

我们对此的评价是——"说得太对了！"怎么样？惊不惊讶？

当然，这里涉及两个重要前提。

第一，不能犯错。如今的经济环境充满了残酷的竞争，组织之所以要创新，不是要取得**领先**地位，而是要**跟上**时代的脚步。做不到创新意味着什么？并不是你可以裹足不前，保持已有的市场份额，混到 60 岁，舒舒服服退休。事情并没有那么简单。创新失败意味着，变革的巨浪将会摧毁你的企业，并最终吞噬它。创新失败意味着，你会一点一点下沉，直到沉入水底。

第二，创新必须是**聪明的**。我们都会在一定程度上认同这一看法。聪明的创新一定是着眼于实效的。它要么能提高利润，要么能降低成本。聪明的创新不是自我膨胀、哗众取宠，不是为了让组织以创新者自居，更不是为了给领导贴金，让他们在出席行业会议时自我感觉了不起。

创新必须服务于实际目的。爱默生有句名言："如果你能做出更好的捕鼠器，求购的人们就会踏破你的门槛。"很遗憾，这句话完全说错了。市场上出现过成千上万更好的捕鼠器，统统遭遇了惨败。既然它们是更好的，怎么会失败呢？这说明了一个非常重要的道理：它们之所以失败，是因为它们**没有意义**。老式的木制机簧捕鼠器既好用又便宜，堪称完美的鼠辈杀手。已有的解决方案已经尽善尽美了，还要花费时间和资金去搞创新，非要搞一个新方案出来，这不是白费力气吗？

前文提到过一项创新的基本原则：你**会做**某事，并不代表**非做**它不可。每一项创意都要以现实功用为准绳，要通过批判性的评估。这就要求创新文化具备一定的结构和目标，它不仅是一种随心所欲、信马由缰的氛围，那样只会让一些没有意义的创意出现在创新管道，白白浪费时间和精力。

创新律令一定要足够**聪明**。聪明的创新有两个主要特征，根据这两个特征，我们可以判断自己的创新是聪明的还是愚笨的。只是这一次，这两个特征的名字无法组成朗朗上口的箴言了。我们试了半天，确实组不出来。

聪明的创新=以客户为中心+持续的

1. 以客户为中心

一项创新有没有价值，要看它能不能帮助组织完成服务客户的使命。如果不能，它要么无关紧要，要么纯属浪费。请记住这一点：判定价值的人是客户，而不是你。

有的时候，一项创新能否增加价值，客户并不能立刻得出结论。这就需要发挥营销的力量。例如，1998 年，宝洁公司推出了一款名为纺必适的空气清新剂。这是一款突破性的产品，因为含有一种名叫羟丙基环糊精的化合物，纺必适能高效去除空气中的不良气味。宝洁的管理者希望通过这款明星产品横扫空气清新剂市场。按照惯常的逻辑，他们向自己认为最需要纺必适的客户群体投放了广告：烟民和豢养宠物的人。然而，几百万美元的广告费砸了出去，货架上的纺必适几乎无人问津，这让宝洁公司大感不解。对客户来说，这款堪称奇迹的除臭剂好像毫无价值！

原因在哪里？持续不断的研究揭示了这样一个事实，一个建立在**操作性条件作用**原理上的惊人事实。

操作性条件作用的含义是：一个人的行为会受到预期结果的影响，人们总是努力去做一些让自己觉得受到奖赏的事。宝洁公司的研究者发现，生活在不良气味里的消费者已经适应了这些气味，他们甚至觉察不到气味的存在。久而不闻其臭。让房间变得空气清新？难道它现在不清新吗？

宝洁的研究人员迫切地想要找到答案，他们很快发现了几位固定购买这一失败产品的消费者。研究人员调查了她们的购买动机。一位定期使用纺必适的女士同意带宝洁的市场人员做一次家访，在她打扫卫生时待在那里。这位女士家里纤尘不染，没有任何令人不悦的气味。尽管如此，打扫完成时，她还是喷洒了纺必适。她告诉宝洁的市场人员，她感觉这是"窗明几净之后的小小庆祝"。

宝洁的营销团队立即意识到，对这位女士来说，在完成例行的清洁之后，纺必适成了她对自己的一份犒劳，是她成功完成工作的一种证明。对这位女士来说，这就是纺必适的价值所在。它是一种个人化的、对于保持房间整洁的认可，而不是为臭不可闻的房间去味的工具。

1998 年夏天，宝洁公司提高了纺必适的香水含量，并重新制作了广告。新广告表现的正是这位女士的使用方法：怡人的清风从敞开的窗子徐徐吹进房间。用纺必适打扫房间成了生活中的一件赏心乐事，纺必适不再是房间里气味不好的提醒。

短短两个月之内，纺必适的销量翻了一番。一年后，纺必适的销售额达到了 2.3 亿美元。2011 年，《华尔街日报》报道，纺必适正式成为宝洁公司第 24 个年销售收入达到 10 亿美元的品牌。

2. 持续的

重大的产品突破或服务突破固然引人注目、轰动一时，如新潮的电子产品等，然而，真正让组织须臾不可缺少的、真正为组织带来持续增长的，其实是持续的、日常的渐进式创新。它常常是由一线员工完成的。

持续的创新来自集体的大目标，来自全员创造力的大解放。要教会大家如何识别非常规机会，并为他们的努力提供必不可少的时间和资金支持。

要建立适合创新的工作环境，离不开来自上层的投入。这里提到的"上层"二字，既包含字面意义，即组织高层领导者的支持；也包含比喻意义，也就是组织愿景的表达。

关于这一点，做得最差的要数创新中心和创意实验室的孤立创新了。这种所谓的创新只对一小撮选定的人开放。令人遗憾的是，这样的例子比比皆是。之所以说它糟糕，主要有两点原因。

（1）它把创新从组织的机体中剥离出来，将其当作高人一等的、秘不示人的禁脔来对待，切断了创新与企业日常运营的血脉关联。再没有比这更离谱的做法了！员工的日常创新，无论是兴之所至，还是有意为之，都是极为重要的。不能因为它不是所谓创新中心的产物，就遭到无端的轻视。

（2）这种做法等于向每个不属于创新中心的人宣布：创新与你无关。创新是"专业"团队的专职，就算它发生在你的鼻子底下，也不要去碰它。但是，要知道，我们谈论的创新不仅包括有计划、有安排的创新，还包括即兴创造力带来的灵感爆发，许多重大突破的第一朵火花往往就闪现在这灵感爆发的一瞬间。

千万当心"波特金村庄①"式的创新

你可能没听说过"波特金村庄"这个词，它指的是虚饰造作的门面，既包括字面意义上的门面建筑，也包括比喻意义上的面子工程，它唯一的目的就是粉饰太平，掩人耳目。1787 年，俄罗斯女皇叶卡捷琳娜二世巡幸克里米亚。为了取悦女皇，大臣们在沿途布置了可以搬动的假村庄。这些

---

① 波特金村庄（俄语：потёмкинские деревни），也译为波将金村庄。叶卡捷琳娜二世 1787 年的出巡是因为俄国在俄土战争获胜，得到了克里米亚。布置假村庄的人是格里戈里·波将金（俄语：Григорий Потёмкин，1739—1791 年），俄国贵族，军事将领，曾担任克里米亚总督，他也是叶卡捷琳娜二世著名的情人之一。

房子正面看上去光鲜悦目，后面却是破烂不堪的棚户区。

创新管道的建立一定要为组织的愿景服务，要确保创新管道是准备带来实实在在成果的。如若不然，很可能得到一个造价不菲的"波特金村庄"，一个昂贵的布景。

很多企业都存在粗制滥造的项目。这些项目对组织毫无帮助，常常导致挫败，妨碍真正的进步。主要表现为以下 4 种症状。

1.《创业鲨鱼帮》综合征

《创业鲨鱼帮》(*Shark Tank*，也译作《创智赢家》)是一档令人着迷的、颇具教益的节目。但它与企业所需的持续的、盈利性的创新文化建设毫无关系。

《创业鲨鱼帮》综合征通常出现在组织的大型年度活动上。在这些活动上，所有聪明的头脑被召集在一起。他们争相表现自己，博得更多人的认可。这种活动很有趣，充满了欢乐祥和的气氛，也是人们在组织内部大出风头的好机会。但是很遗憾，对创新而言，它是不得要领的，是事与愿违的。因为创新不是一次热闹的活动或主题演讲，也不是敲锣打鼓的宣传。想要实现真正的创新，想要拿出可以度量的重要成果，离不开长时间的、持之以恒的专注和投入。创新计划也许包含着各种"活动"，但是，如果少了生命支撑系统，所谓的创新计划充其量只是徒有其表的空架子而已。

确保持续不断地致力于盈利性创新，需要做到以下几点。

（1）确定明确的方向。组织需要清晰的任务描述，员工需要目标感和参与感。组织要转型为创新引领者，离不开方针和目标的指引。

（2）保持开放的沟通。创新只能在信任与合作的氛围里成长壮大。不要把办公室的大门关得紧紧的，打开它！鼓励跨部门、跨职能单位的互动。不要让闭门会议阻碍了创新的尝试，不能任由不务正业的委员会扼杀新想法。

（3）简单化。官僚主义会拖累创新的速度。杰克·韦尔奇彻底改变了通用电气的面貌，他曾经说过："我们的目标是让大公司拥有小公司的灵魂和速度。"保持敏捷！降低建议的门槛，真正做到从善如流。调查表明，三页纸那么长的官样员工意见表是收不到任何意见的。切记一点，无论什么项目，在最开始的头脑风暴阶段，创意的数量和质量同样重要。

（4）树立员工的主人翁意识。鼓励员工持续不断地参与，想方设法地让员工明白：自己的工作直接关系到企业的业绩。

（5）认可和奖励。该记功时要记功，千万别从自己员工的手里抢功劳。但是，也不能过分依赖现金奖励。研究表明，用现金来奖励新创意是一种非常糟糕的做法。相比之下，应该更多地发扬个人荣誉感，激发人们爱岗敬业、乐于奉献，做出有价值的贡献。

（6）接受失败，从失败中学习。正如托马斯·爱迪生所说的："世间许多的失败在于，人们在放弃的时候没意识到自己离成功有多近。"失败是价值千金的一堂课，它帮助我们向突破性成功又迈近了一步。

2. "我没资源"综合征

老话说得好，只有舍得花钱才能赚到大钱。持续性创新也不例外。它不仅需要花钱，还需要人力的投入，需要一块地方和一个计划，还有让这一切运转起来的资源。明知自己不会投入必需的资源，还要启动创新计划，这是典型的"波特金村庄"式的创新。

资源的配置不只是金钱的投入，它还意味着允许员工尝试新的想法。3M 公司作为创新引领者的历史非常悠久。它的一项传统就是允许公司的科学家拿出 15%的工作时间从事自己感兴趣的项目。久而久之，它为 3M 公司带来了极为可观的创新回报。

2004 年，谷歌创始人拉里·佩奇和谢尔盖·布林在上市招股书中写道："我们鼓励员工在常规项目之外拿出 20%的工作时间，做他们认为最有利于谷歌发展的工作。这能带给员工力量，让他们变得更有创造力和创新性。这个做法帮助我们取得了不少明显的进步。"虽然这个政策后来不再实施了，但是谷歌依然保持了极高的创新性。

3. "挂羊头卖狗肉"综合征

每个组织都喜欢管控一切，包括风险、资金、人员、设备设施等。而管控恰恰是不适宜创新成长的，这体现在很多方面。因此，创新需要得到区别对待。我的团队审计过几十个失败的创新项目，发现这些项目实际上根本称不上创新，其中有几项充其量只能算公司节约成本的举措。通常情况下，告诫员工不要浪费资金，结果往往适得其反。所以，有的公司发起了削减成本的项目，并把它伪装成"创新计划"。结果呢？鸡飞蛋打。不仅假冒伪劣的创新项目没做成，起码的节约也没做到！

把创新和计划这样的字眼当作战略意图的伪装，这样的情况并不少见。这实在太令人遗憾了，创新本来能在很多方面带来比这些好得多的战略回报。

4. "没有目标、无法度量"综合征

尽管创新是一种极为有力的工具，但就像所有工具一样，它同样需要有的放矢，需要一套测量系统来判断目标有没有达成。把一群人聚拢在会议室里，纸上谈兵地高谈创新，在白板上挥洒不知所云的概念，这似乎很激动人心，实际上无法带来一丁点儿正面成果。创新是企业人士的仆从，它的任务是完成重要的任务，产生可以测量的成果。

很多关键绩效指标（Key Performance Indicators，KPI）都可以用来测量创新成果。

"创新销售率"这个指标被很多企业采用。它的定义涉及很多方面，但在大多数情况下，它都是作为一种测量手段出现的，主要的测量对象是新产品销售额在销售总额中的占比。

吉列公司规定，每 4 年的销售额中，至少要有 40% 来自新产品。

3M 公司规定，较新产品（上市不足 4 年）的销售额必须至少占到销售总额的 30%。

还有一种 KPI，它测量的是每个月收到的员工新创意总数。如果数量不够，还要分析背后的原因。是不是因为员工参与度不够高？还是大家对创新不感兴趣？是不是有些人的意见没有被及时收集？还是创新委员会开会太少，积压了过多的好创意，造成了好点子的流失？

创新测量系统需要包括 3 个方面：①已经纳入创新管道，或考虑纳入的创意；②已经在处理的创意，或者正在发展中的创意；③创新管道贡献的新收入和新利润。

创新的成果并不总是那么容易测量的。创新管道是一整套系统，创新

突破的培育需要整个组织同努力、共进退。每个与此相关者都应该得到奖赏，无论他们是**建造**管道的人（为了未来的销售），还是创新管道中负责**收获**的人（完成现在的销售）。

全食超市：创新管理

我们很少指望在杂货零售行业里发现创新，对吗？对绝大多数的连锁超市来说，工作无非就是卖货、纠缠不清的劳工争议、比人情还薄的利润。通常，购物体验就等同于排长队、糟糕的光线、受污染的货物，还有坏脾气的收银员。

全食超市打破了这一局面，不只打破一面，而是全面打破。

1978 年，25 岁的约翰·麦基和 21 岁的雷内·劳森·哈迪从大学辍学，在得克萨斯州的奥斯汀市成立了全食超市。如今，这家连锁超市已经发展为全美国最大的天然食品商店，在美国、加拿大和英国开设了 300 多家门店。它的成功引起了资本的兴趣，2017 年，亚马逊斥资 137 亿美元收购了全食超市。

即使被亚马逊收购了，全食超市的管理架构和企业文化依然保持不变，毕竟它是全食超市成为行业创新领袖的秘诀。全食超市是由员工团队管理的，这和传统的等级金字塔结构，也就是由老板、经理和雇员组成的金字塔结构，形成了鲜明的对比。全食超市的管理团队是由各职能部门组成的，包括收银、预制食品、烘焙食品、杂货、水果蔬菜、肉类和海鲜等。大多数员工团队的规模为六七百人，这些团队再细分为不同的、更小型的团队，根据每个团队的结构，再组成更高一级的管理团队。也就是说，由每个小团队的领导者组成店面管理团队；每个店面的领导者组成地区管理团队；6 位地区领导者再组成更高一级的管理团队。这一环环相扣的团队架构一路向上发展，直至形成最高管理班子。

每个团队都致力于实现总体经营目标和愿景，它们承担着重要的责任，作为拥有决策权的独立业务单位存在。例如，店面经理有权挑选求职者，并把他们推荐到具体团队的具体岗位上去。但拥有最终决定权的是团队，只有团队才能决定是否录用新员工。30 天的试用期结束时，团队会通过投票的形式决定新员工的去留。

全食超市鼓励全方位的创新，其 CEO 麦基指出："和那些充分发挥全部知识资产的力量、把知识去中心化进行到底的企业比起来，任何一个只凭几位高高在上的天才和外部咨询顾问的组织都会在竞争中落于下风，无论这些天才或顾问有多聪明。"他还指出："谈到创新活力的来源，世界上没有什么比火力全开、当家做主的员工力量更强大的了。"

信任是全食超市实现高效团队合作的基石。而信任是建立在公开透明的基础之上的。1986 年，也就是麦基建立全食超市的 6 年之后，他推行了透明工资政策。每位员工都可以查看同事的工资，包括高管团队成员的工资。麦基是这样向"商业内幕"①解释这一点的：总是有人询问他的工资，对这些问题的回避让他筋疲力尽。因此，他索性公开了所有人的工资。他最初的目的是想让员工们明白，为什么有些人的工资比其他人高。麦基觉得，与其让员工们在暗地里猜度为什么同组的人比自己挣得多，并为此耿耿于怀，还不如由公司光明正大地给出解释。为什么一部分人的工资高于其他人？麦基通常会这样回答："如果你也能达到他的业绩，你的工资也会和他一样高。"

除此之外，全食超市还为高管团队设定了工资上限：不能超过平均工资的 19 倍。这本来算不上什么新鲜创意，这也是 20 世纪 60 ~ 80 年代高

①即 Business Insider，是美国知名的科技博客、数字媒体创业公司、在线新闻平台。

管和员工收入差距的平均水平。然而，这一差距在 90 年代被陡然拉大了。根据美国经济政策研究所（Economic Policy Institute）2017 年的报告，2016 年，全美最大的 350 家企业高管的平均工资为 1560 万美元，达到了普通员工工资的 271 倍！

我们能从全食超市学到什么？创新不必囿于新发明或新产品，它可以，并且应该，发生在组织的各个层面，既可以是管理思想，也可以是营销方式，还可以是员工时间表的重新编排。归根结底，它就是"怎样把工作做得更好"。

行动起来！

1. 做明智的决定：你会做，并不代表非做不可

创意本身是好的，多多益善！但是要做到大胆收录，小心遴选。宽进严出。以丰田为例，据说每位丰田员工每年至少要提出 48 项新创意，其中只有 9 项得到了采用。也就是说，其中的 39 项没有得到采用，但是员工们依然热情不减。因为他们都明白，自己提出的每个想法都得到了公正的对待。

2. 切记：做判断的是客户，而不是你

你可能认为，你为产品或服务增添的那些小功能会让客户高兴得叫起来。可能会，也可能不会。说到底，做出判断的是客户。如果他们不喜欢，要么想办法让他们看到新价值（就像宝洁公司为纺必适做的那样），要么干脆打住。

3. 开启组织转型，成为创新领跑者

要避免"波特金村庄"式的创新。太多的"创新中心"和"创意实验室"都只是徒有其表的虚饰门面。创新其实就发生在组织的每个角落里，我们要做的就是发现它们、培育它们。

第四章
Chapter 4

创新任务

　　本章及以后三章论述的是如何为创新律令打好基础。这是至关重要的工作，所以要用 4 个章节来讲。

　　首先谈创新任务。

　　之所以称之为创新任务，而不是创新战略，这是因为"任务"一词在字典里的解释包含了最重要的一个词——"为什么"。创新任务和军事任务有着共通之处，它们同样明确定义了工作的原委和目标。

　　建立创新任务需要敏锐的眼光、需要提出尖锐的问题并诚实地回答这些问题。这不是装傻充愣的时候，而是把想法付诸行动的时候。

　　创新任务是一种工作框架，是创新操作系统的立足点。创新操作系统最重要的部分是创新管道。

任务、操作系统和管道：三者一起存在，同为创新律令服务，为每一朵创新火花服务。这些小小的火花非常脆弱，很容易就会被糟糕的、鼠目寸光的管理扼杀。

谁也不希望自己的企业发生这样的情况。

人们希望小小的火花不断迸发，大大的火花从组织的各个部分喷薄而出。它们不断地带来新的创新能量，照亮企业称雄市场的前路。人们既想收获有计划的创新，又不想错过计划以外的、自发的创新突破。人们希望走到研发团队中去，对他们说："祝贺大家取得了又一个新突破！"人们希望自己可以拿起电话，随便打给一位员工，对他（她）说："谢谢你的宝贵意见！很高兴地告诉你，公司落实了你的建议，它会帮助我们降低两个百分点的部门费用，为我们节省了很多钱！再次感谢你。"

创新律令+良好的管理=成功

建立一项创新任务等于树立了一项新的创新律令，尽管如此，创新任务的顺利开展离不开健康的决策环境。凌乱无序的管理不可能支持创新走太远。

玩具零售巨头反斗城的悲惨遭遇就是最好的例子。反斗城销售的是中国制造的塑料玩具，2018 年 3 月，它占据了全美玩具销售总量的 15%。这样高的市场份额，反斗城的日子想必非常好过。人们根本想不到，反斗城正面临着破产清算。

实际上，早在 2017 年 9 月，反斗城的美国业务已经陷入了破产的绝境，这个业务单元现在恐怕只能以废品价格出售了。债台高筑只是其中的问题之一，大多数分析师认为，反斗城早在 2000 年就出现了大问题。当时，反斗城和亚马逊达成了一份为期 10 年的合作协议，电商巨头亚马逊成了反斗城的独家线上销售渠道。这是一个要命的决定，尤其考虑到这样一个事实：在与亚马逊签订合作协议短短几个月之前，反斗城刚刚收到了一笔来自日本科技霸主软银集团（SoftBank）的投资。这笔 6000 万美元的投资是专门用来帮助反斗城发展线上零售能力的。然而，反斗城选择了改弦易辙。它放弃了自身的创新，宣布与亚马逊合作，通过亚马逊来销售玩具。

协议条款规定，反斗城要在亚马逊储备种类繁多的热销玩具，以此换取亚马逊的玩具及婴儿用品独家销售商资格。双方还同意，反斗城放弃线上销售自主权，其官方网站上的销售链接自动跳转到亚马逊购物网站。

然而，过了没多久，亚马逊就开始销售来自其他供应商的玩具，反斗城发起了诉讼。2006 年，反斗城和亚马逊终止合作。反斗城重新获得了独立建设购物网站的权利。这也许是反斗城最需要做好的工作，但是，此时的反斗城早已丧失了打造优质客户体验的竞争能力。反斗城的网站运行缓慢，显得笨拙，一直无法做出像样的改进。它的线上销售管理和组织能力落后得太多，无论如何也追赶不上了。

就这样，愚蠢的商业决策葬送了创新的火花。

2017 年 12 月，路透社报道，为了重获盈利，反斗城采取了一种高风险的赌博策略。它从 31 亿美元的破产贷款中拿出了 4 亿多美元，计划用 3 年时间把 800 多家门店装修一新，提升客户的线下体验，提高员工的工资。然而，这剂创新猛药可能依然无法起效。因为玩具零售行业刚刚完成了一场深刻的变革，线上销售激增，而线下门店的客流量大不如前了。

反斗城新的战略举措是否正确？时间会给出答案。

3C

⇨ 投入 (Commitment)
⇨ 定制化 (Customization)
⇨ 创新性 (Creativity)

反斗城的故事引出了保证创新任务成功完成的 3 个 C，即投入、定制化和创新性。这 3 个 C，反斗城一个都没做到。一定要引以为戒，不再犯同样的错误。要注意保护创新火花，使之持续燃烧，持续带来盈利。

投入

我们看到，造成组织创新项目失败的最大原因是三心二意。创新系统不够完备也是一个主要原因，有些创新系统甚至常常是粗制滥造的，难怪会失败。

还拿反斗城的例子来说。纵观这家公司的历史，我们发现，它的创新工作一直是断断续续、含含糊糊的。

实际上，反斗城一开始是电子商务领域里的创新者。在它发展的顶峰时期，反斗城被视为极具颠覆能力的行业"杀手"，它的专业化之深、效率之高，足以摧毁任何一个竞争对手，无论是小型玩具专卖店，还是大型综合零售商，概莫能外。1998 年，反斗城赶上了线上零售的热潮，推出了自己的线上购物网站（当时的亚马逊只销售图书，还没有实现盈利）。然而，反斗城的工作做得不够到位，直接引发了 1999 年反斗城网站的圣诞节大瘫痪，圣诞节当天，大批线上订单无法及时送达。直到现在，人们还经常提起这件事。在此之后，玩具反斗城找来了软银的大笔投资，力图提高自身的电子商务能力。可是，短短几个月之后，反斗城放弃了努力，直接和亚马逊签订了合作协议。之后的事，大家都知道了。

既要具备敏捷度，又不失战略性

反斗城的这一做法值得我们吸取的教训是：既要具备**敏捷度**，又不能失去**战略性**。

敏捷度指的是对颠覆性变革的灵活应对，要让变革为我所用，而不是对我不利。它要求我们敏于感知变革，快速适应变革。

战略性指的是盯紧结果不放松。为未来规划路线，并在面对挑战和困难时保持坚定的意志和足够的勇气。要了解市场，懂得如何最好地服务市场。要明白人们凭什么购买我们的产品或服务，为什么不去买别人的。不要让骄傲自满或优柔寡断毁了我们。

组织对创新的投入必须是兼容并蓄的，它要触及组织的每个人。它是长期的努力，而不是一阵风，刮过去就完了。

对创新操作系统的支持

要评价一个组织的创新项目，首先要了解和评估最高领导者投入的决心。其中，最高领导者对创新操作系统的支持程度可以成为投入决心的试金石。创新操作系统是逐步开发而来的，它可以通过把明确的创新成绩向上汇报、取得批复的方式逐步推进。也就是说，每个组织都需要这样一套创新操作系统，它在预期成果和总体成本方面与 CEO 的预期保持一致。只要掌握了领导层真实的投入是什么，就能根据实际情况打造恰当的创新操作系统。同时，创新需要来自领导层持续不断的支持，才能走向成功。

后面几章将详细深入地讨论创新操作系统。

说它是你的？请证明！

真心实意地拥抱创新律令，就要全心全意地投身其中，好像离开它就活不下去一样。基本上，这句话可以按照字面意思去理解。也许这样说更准确：投入创新，就好像你的**职业生涯**完全依赖创新而存在一样。切记，创新失败最主要的两个原因是：①创新方式不彻底、零敲碎打[①]；②创新能力不足，无法把创新与组织、人员和市场的独特性结合起来。

这就引出了下一个 C：定制化。

定制化

创新火花之所以频繁熄灭，还有一个原因是方法的一成不变。这是毫无疑问的。世上没有两个完全相同的人，同样也不存在两个完全一样的组织。即便在同一个行业之内，每个组织也是各具特色的。就拿软件行业来说，这里巨头林立，包括微软、谷歌、IBM、甲骨文、脸书和 SAP 等；也有许多中等体量的企业，如红帽[②]、Cadence Design、趋势科技等；还有大量崭露头角的小型企业，如 15Five、Bonusly、Image Relay 和 Clearbit 等。乍一看，这些企业同属软件行业；实际上，它们之间的差别极大。微软对创新的定义和 15Five 的一定大不相同！

创新不是软件包

太多的管理者和领导者想通过简单购买软件包来打造创新基础设施。创新真有这么简单就好了！创新真正需要的是一套综合生态系统，一套完整的、健全的生态系统。确实，技术在驱动组织、创新平台和其他技术之间的协同上发挥着重要作用，但它只是整体解决方案的一部分而已。实际上，方案的最大一部分，也是唯一不可或缺的部分，是人。假如员工对创新文化投入不够，如果他们既不热爱创新火花，也不喜欢打开问题之锁的

---

① 西方称之为"保险杠贴纸综合征"，也叫"打补丁式创新法"，相当于游击式创新。
② 2019 年，红帽被 IBM 以 340 亿美元的价格收购，成为 IBM 的一部分。

钥匙，就算买下全世界的软件，依然对创新无济于事。

误入歧途的公司才会建立创新"计划"

如果你这个季度的战略计划是创新，那么，很不幸，你可能无法实现规模化的组织转型，无法成为创新引领者，也不可能年复一年地取得稳定可靠的投资回报。总体而言，多数所谓的战略计划都是失败的，创新战略计划也不例外。提到创新，我们想到的应该是一种向着创新起源的回归，一种朝花夕拾式的重访。究其实质，每个组织的存在都是从创新火花开始的，成功企业所做的不过是年复一年地不断催生新的火花。要把创新融入企业的基因和组织文化当中，它将为我们和我们的组织带来巨大的回报。

创造力

创造力的重要性似乎是不言而喻的，实则不然，要想让创新律令在组织内站稳脚跟，就必须在各个层面建立创造力的基准线。

好消息是，创造力也是一种技能。只要是技能，就可以通过练习得到加强。创造力和所有其他技能没什么两样，像弹钢琴或者使用 Excel。练得越多，做得越好；做得越好，就越轻松自如。运用之妙，存乎一心。

"F 开头的词"与创新

我一向对满口 F 开头的词的三俗作者深恶痛绝，耻于与他们为伍。但是，不得不说，想让创新行得通，就要把它变得很……

FUN!

有趣

这一点怎么强调都不过分。说到底，创新是一个以人为本、由人推动的过程。只有当它成为一种正面体验而不是又一项官僚主义的负担时，创新才会变得有趣，才有可能成功。说到这里，世界上最人本主义的行为莫过于创造。在创造的时候，人们总是在其中体会到无穷的乐趣。如果能把乐趣融入创新活动当中，可能带来巨大的不同，甚至可能决定成败。建立创新操作系统时，要组织丰富多彩的活动，包括充满乐趣的、富有成效的、让每位参与者都有收获（对组织和员工都有利）的活动等。

组织的风险承受力如何

找几位创新专家谈谈，他们中的很多人会告诉你，过于重视风险管理是如今许多组织创新失败的一大原因。说白了，就是明哲保身。一旦组织的风险达到一定程度，人们的注意力就会从客户和商机上转移到照章办事和风险管理上。这非常令人遗憾，因为合规和风险管理同创新并不矛盾，它们能帮助创新组织的建设。

完全可以这样说：组织最大的风险就是**不肯冒险**。这也是马克·扎克伯格在一次采访中提到的。2011 年 10 月，在 Y Combinator 创业训练营上，扎克伯格破例接受了采访并指出："最大的风险就是一丁点风险都不敢承担。在这个飞速变化的时代，不敢冒险的人输定了。"当然，每个组织承受风险的能力各不相同。别忘了，冒险也是一种技能，它也可以通过学习来掌握。

在建立属于自己的创新操作系统时，务必保证它与领导者和组织的风险承受能力相匹配，这一点非常重要。

"你好，我叫吉姆。我是负责按下'开始'按钮的人"

走进一家企业，问问他们："哪位是负责创新的？"有些企业可能会叫保安把你轰出去。我知道这样说不太好懂，但是，每位 CEO 都应该问问自己："谁是负责按下'开始'按钮的人？"

这样提问的原因在于，成功的创新律令永远指向**变革**二字。具体的变革可能引起大范围的涟漪效应，涉及员工岗位的调整、预算资金的调配、供应链的变动、营销活动的修改等。

如果创新仅限于一个部门，只影响到一个小团队的工作，那么可以由团队领导者来负责。假如变革涉及多个部门，就需要由职权够高、统管这些部门的领导来拍板。如果涉及新的资金调配问题，那么财务部门也必须参与进来。

大型企业可能需要一位专职领导者来管理所有的利益相关者，确保新创意获得应有的支持，取得每一位受到新创意影响的人们的支持。如果做不到这一点，新创意势必引发地盘争夺战，一损俱损，对谁都没好处。

"首席创新官"（Chief Innovation Officer, CIO）这个称呼是威廉·L. 米勒和朗顿·莫里斯提出的，第一次出现在他们 1998 年的著作《第四代研发：管理知识、技术与革新》里。合格的 CIO 专注于组织内部创新过程的管理，主要包括识别和确定战略、商机和新技术；获得合作伙伴的支持，适应新的商业模式和体系结构；开发新能力、搭建新架构，更好地把握商业机会等。

"首席"和"官"饱含深意。"首席某某官"意味着，这是一个跨部门的管理职位，拥有跨越部门壁垒的高级职权。

在小型企业里，CIO 可以由 CEO 直接担任。大型企业里部门林立，团队众多，需要设立专职 CIO。

请问，在你的组织里，谁是那个负责按下"开始"按钮的人？

把创新融入组织基因

创新律令不是你那双价格不菲的鞋子，可以早晨穿上，晚上脱下。它是我们的双脚，是我们赖以生存的身体的一部分。而且，没人会琢磨双脚是自己身体一部分这件事。双脚带着我们奔走在每天忙碌的工作生活中，而我们对它习以为常、浑然不觉。这种自然而然的状态是最理想的。确实，双脚也是需要关心和照顾的，但是，身体发肤本来就是我们自身的组成部分，双脚的基因和身体其他部分的基因是一模一样的。

如果不能把创新融入企业的基因当中，适应变革的难度将大大增加。

2012 年，罗恩·阿什肯纳斯[1]在《哈佛商业评论》杂志上发表的一篇文章中指出，有些企业对变革视而不见，而有些企业总能快人一步适应变革。这种差别的原因应该归结于企业基因的不同，比如：

---

① 罗恩·阿什肯纳斯（Ron Ashkenas），谢弗咨询公司执行合伙人，《无边界组织》的第一作者。

- 多年以前，美国邮政署的领导者就知道，或者他们早就应该知道，电子邮件会大规模颠覆传统的邮政服务，但他们选择了置若罔闻，选择对惊人的亏损视而不见；

- 早在伊士曼·柯达改变经营战略之前，这家公司就已经发觉，数字媒介将取代传统胶卷，但没有对此做出任何应对措施；

- 明明知道拨号上网业务不会获得市场成功，美国在线公司还是推出了这项服务；

- 通用电气本来是创新领导者。可是，这家企业的照明部门迟迟不肯放弃生产白炽灯泡，拖沓时间之久，令人难以置信；

- 1996 年，通用汽车率先开发了全球第一款可以上路行驶的电动汽车。但是，就在舆论一片热情的盛赞声中，通用汽车的高管们觉得这款名为 EV1 的产品过于创新、过于冒进了。于是，他们停掉了这个项目，一同停掉的还有已经生产的所有 EV1 电动汽车。2007年 3 月 13 日，通用汽车研发总裁拉里·伯恩斯对《新闻周刊》表示，早在十年前，他的工程师就开发出了这款电动汽车，而通用杀死了它。他说："本来，我们十年前就应该推出雪佛兰沃蓝达的，可惜时光无法倒流。"

但是，有些企业总能快人一步，因为创新早已融入了它们的基因。

- 2005 年，IBM 把个人电脑业务出售给了联想，当时很多分析师觉得这太疯狂了，怎么能把艰难打下的锦绣江山拱手送人呢？后来他们认识到了 IBM 此举的老辣之处。交易刚刚完成，个人电脑大众化的时代轰然而至，IBM 得到的是现金，甩掉的是价格压力和供应链上的重重麻烦。

- 世纪之交，财捷软件认识到，仅仅做财务软件无法让公司成长壮大。于是，这家企业开始有意识地建立、收购和孵化新业务。如今，这些业务已经占据了公司的半壁江山。

● 没有比卖家居建材更无聊的生意了，成天就是卖地毯、地砖之类的商品。劳氏的员工可不这么认为。不仅如此，他们还推出了一系列引人注目的创新。公司开发了方便商店员工服务客户而使用的软件，例如，客户只需要上传一张照片，软件就能判断给定面积需要的地毯尺寸。软件还能 360° 全景展示产品效果，只要设定好尺寸，劳氏虚拟室内设计师就能实现房间效果的完全视觉化，方便客户更好地选择橱柜、墙纸、地砖等产品。劳氏想到了客户（和员工）的前面，极大地改善了客户的购物体验，有效地满足了客户需求——甚至客户自己都没有意识到的需求。

巴塔哥尼亚：让创新变得有趣并有利可图

整体工作环境越有利于协作、越人性化、越积极向上，创新的火花就会烧得越旺，利润也会随之而来。以巴塔哥尼亚为例，这是伊冯·乔伊纳德[1]于 1973 年创办的一家美国服装公司，专门经营户外运动服装。这是一家极其注重环保的企业。巴塔哥尼亚有 1 000 名员工，多数在位于美国加利福尼亚州文图拉市的总部办公。公司不仅通过正式项目鼓励员工的创新工作，还把工作变得更有趣，支持员工的创新。这样的做法很好理解，这家公司是由一群登山爱好者创办的，登山本身就是一项既冒险又有趣的运动。

以人力资源工作为例。从 1983 年开始，巴塔哥尼亚推出创新性的儿童托管服务，他们甚至为此出版了一本书——《家庭即事业》（*Family Business*）。公司表示："给力的家庭创造了给力的事业……负责任的企业应该为双职工家庭提供高质量的儿童日托服务和带薪假期。这不仅要做，

---

[1] 伊冯·乔伊纳德（Yvon Chouinard），美国商人、环保主义者、传奇攀岩运动家。

还要当作正事办好。"巴塔哥尼亚员工真的可以带着孩子来上班，而且孩子们不用被圈养在特定的保育区里，和自己父母隔开。提到这一点，一位员工说："每天来到这里，我觉得自己不是在谋生，而是在生活。"

在巴塔哥尼亚公司，不会玩儿可不行。这家公司指出："什么都比不上无拘无束的自由玩耍，它是巴塔哥尼亚儿童托管项目的核心理念。我们就是要让孩子们尽情撒欢儿。有人说，不能让孩子输在起跑线上，幼儿教育要围绕学习展开。我们可不信这一套。我们站在孩子这一边，坚决捍卫孩子们玩耍的权力。"

这让一些老学究大为恼火，他们痛心疾首地抨击了巴塔哥尼亚的说法。巴塔哥尼亚根本不和他们争，他们换了一种说法："提供高质量的托管服务、补贴学费，这些做法都是价值不菲的。但它们带来的好处也很多，无论从经济方面考虑，还是从其他角度衡量。我们每年都可以收回成本。"

行动起来！

1. 立志完成创新律令

对组织而言，创新的意义和销售、生产、财务以及所有其他工作的意义同样重要。要让创新融入组织的基因。记住一点，如果不创新，不想方设法地把工作做得更好，企业就会落后，落后就会无法生存，就会像恐龙一样消亡。

2. 为组织量身打造最适宜的创新方式

组织和人一样，都有自己的基因。世界上每个人的基因都是独一无二的（新的证据证明，就算同卵双胞胎的基因也是不同的），企业也是同样的道理。要建立明确的创新文化概念，本书讲的就是这一点。即便如此，每个组织对创新文化概念的具体表达也是各不相同的。要当心那些咨询顾问，他们口袋里装的都是"包治百病的灵丹妙药"，对你不一定有用！

3. 创造快乐向上的工作环境

向前看，前途一片光明，人在这时最容易产生创新。创新火花随时可能出现，当它们出现时，有人会任其冷却和熄灭，而另一些人会迅速捉住这些火花，把它们的能量用在正确的地方。如果不去把握和评估它们，新创意就会被浪费，同时浪费的还有机会成本。要不断地发挥火花的能量，不要浪费！

4. 明确职权

创新意味着**变革**，有时是颠覆性变革，有时是渐进性变革。因此，组

71

织需要一个拥有充分职权和职责的人来鼓动和管理创新工作。这个人既可以是 CEO，也可以是团队领导者，或者专职的 CIO。

第五章
Chapter 5

创新律令的六大投入

问：创新失败最主要的原因是什么？

答：投入不够。

对于这个回答，不该有人感到惊讶。因为创新和生活中的很多事一样，没有付出，怎么会有回报？

你可以找一位成功的运动员问问：保持卓越成绩的秘诀是什么？他（她）一定会告诉你："是投入。"

或者问问成功的销售员、发明家、军官、教练员，他们都会给出同样的答案。

投入。投入。投入。

不打退堂鼓，不三心二意，毫无保留地付出努力。

创新律令也是一样。

在接触过形形色色的企业领导者之后，我们发现，无论企业规模是大是小，只有那些善于激发创新、在各方面工作中为创新发展保驾护航的领导者，才能收获长足的发展和可观的利润。无一例外。

有些领导者对创新三心二意。他们既不启发创新，也不支持长期的努力。等待他们的只有缓慢的衰落和不可避免的破产，或者被收购。

前几章讨论了创新律令的 REAL 四字真言，讨论了 3 个 C，也就是投入、定制化和创造力。

真正的投入是多方面的，详细阐述如下。

对创新的投入是多方面的（不信去问亚马逊）

有些企业把创新融入组织基因，成为其不可分割的一部分。认真观察这些企业就能发现，它们对创新的投入体现在很多方面。

以亚马逊为例。在过去的 10 年里，这家企业变成了真正的市场颠覆者。实际上，亚马逊的创新是从一个非常简单的认识开始的，这个小火花是：

买书之前，人们不一定非要触摸和掂量它们。只要可信度够高，多数人都会乐意通过线上零售商购书。

就是因为这个简单得不能再简单的小火花，杰夫·贝佐斯在 1994 年 7 月 5 日创办了亚马逊公司。

我不想在这里过多地讲述亚马逊的历史，很可能你就是这家电商巨头的用户，很可能你知道的比我还要多。但是，有一件事，你可能并没有意识到：亚马逊对创新的投入体现在方方面面，有些可能是人们完全意想不到的。

亚马逊的事业无比庞大，而这庞大事业的根基无比简单，它是对两个小问题的肯定回答：

"有我要买的东西吗？"

"能准时送到吗？"

归根结底，亚马逊的每一项创新都是为了对这两个小问题做出肯定的回答。这家公司从不讳言自己的创新历程，亚马逊在自己的网站上大方地宣布："我们的企业属于建设者，属于开拓者。冒险就是我们的本职工作，我们一切的发明创造都是为了客户，这是我们的力量源泉。"

下面选取亚马逊开拓创新的几个例子。

● 重新定义了图书。2007 年 11 月，亚马逊推出了首款数字阅读器 Kindle。亚马逊的远景目标是让人们在 Kindle 上随时找到自己想看的书——人类创作过的、用任何语言写成的、所有的书籍，用不了一分钟，就可以出现在你的 Kindle 屏幕上。这是继 15 世纪中期古腾堡发明印刷机之后的又一次重大发明：不需要纸张和墨水的书籍！

● 彻底改造了传统意义的运营中心。运营中心是完成货物分拣、包装和发运的场所。在亚马逊的 70 个运营中心，高精密机器人得到了广泛的应用。它们加快了流程运转速度，减少了人为失误。亚马逊发言人凯莉·奇斯曼这样告诉《麻省理工科技评论》杂志："我们把它看成一部交响曲，一部由软件、机器学习、电脑算法和人组成的交响曲。"她还补充说："人是其中非常重要的一部分，如果没有优秀的员工来完成人与技术之间的配合与互动，再好的技术也无济于事。"奇斯曼说得太对了！

- 新型包装。在过去的几十年里，消费产品的包装基本没变样，一直是"翻盖"的透明塑料盒子。亚马逊发现了消费者在这里的痛点，它想客户之所想，推出了简约包装。这种包装不仅方便客户从包装中取出货物，还减少了浪费。这一创新开始于 2008 年，针对的是最令人恼火的 19 种翻盖包装产品。从那时开始，简约包装逐渐扩展到了 75 万种商品。亚马逊的一份报告显示，客户关于包装的抱怨消失不见了。截至 2017 年 12 月，亚马逊的创新环保包装一共节约了 21.5 万吨包装材料，少用了 3.6 亿个包装盒。

- 快速免费的送货服务。2005 年 2 月，亚马逊推出了 Prime 会员服务，这项服务支持快速投递，覆盖约 100 万种商品。这是一次不折不扣的豪赌：在 Prime 服务推出的第一年，亚马逊损失了几百万美元的快递收入。尽管如此，有分析表明，只要达到一定的规模，快递成本将会极大降低。发展至今，Prime 服务早已不止两天内免费送货这么简单了。数以千万计的 Prime 会员（亚马逊拒绝透露具体数字）享受着快速、免费、不限次数的送货服务，商品类别多达 3 000 万种；与此同时，会员还可以在线欣赏几万部电影、电视剧以及大量流行音乐，不限流量；可以通过亚马逊照片存储服务在亚马逊云盘免费储存照片；每个月还能通过 Kindle 免费阅读一本正在预售的新书，先睹为快。

- 可再生能源。亚马逊正在美国西雅图建造新的总部大楼。这些大楼采用循环热能取暖。这得益于一项被称作"区块能源系统"的创新，它能获取邻近的非亚马逊数据中心产生的热能，通过地下管线输送到新大楼，而不是排放到大气里白白浪费。亚马逊是 2016 年全球最大的可再生能源企业买家，它购买的风能电厂和光伏电站每年的发电总量高达 360 万兆瓦。

- 基于云的 IT 服务。为了实时追踪 5 亿多种在售商品（这只是亚马逊美国主站的商品数量），亚马逊需要一个极为庞大的数据库。实际上，亚马逊这个数据库建得比实际需要的规模还要大。多余出来的和没有得到充分利用的计算能力资源，变成了亚马逊的收入来源，它就是著名的亚马逊网络服务（Amazon Web Service，AWS）。亚马逊为 AWS 付费企业用户提供可扩展的、按需定制的、"打表计费"的云服务。AWS 业务把信息技术从**资本性支出**变成了**运营性支出**。这不仅对公司的现金流产生了巨大的影响，还改变了包括费用管理、税收结构在内的多项工作。因为资本性支出必须逐年摊销，而运营性支出可以在当年扣除。

- 发明创造。截至本书写作时，根据美国 Justia 专利网站上的信息，亚马逊一共拥有 7 406 项新发明专利。要知道，亚马逊本来只是一个消费品在线零售商，不是硅谷高科技企业！例如，2018 年 3 月 13 日，亚马逊获得了一项名为"空投包装安全气袋"的专利。它的设计目的是：当无人机从设定高度投放包裹时，它能有效地保护包裹里面的物品。也就是说，亚马逊的无人机会把包裹直接投到客户家门口，无须降落，因为一起一落会耗费很多能量。

亚马逊还在其他很多方面做出了创新，帮助客户及时收到他们需要的商品。这形成了一种对创新不断投入的企业文化。有许多类似的创新是客户看不见的。客户看不见的是创新本身，他们看得见的是创新带来的效果。而这些效果才是真正重要的。

六大投入

为了打造坚强有力、经久不衰的创新文化，你和你的公司要做出的一系列投入，统称"六大投入"。

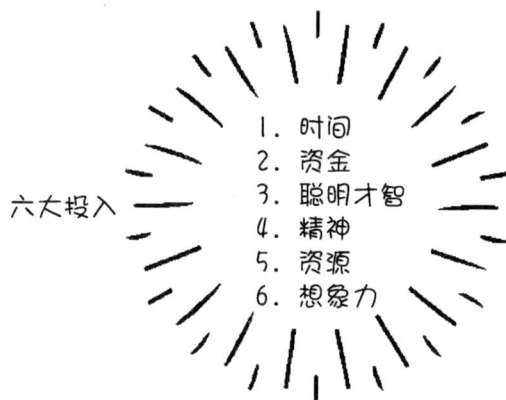

六大投入

1. 时间
2. 资金
3. 聪明才智
4. 精神
5. 资源
6. 想象力

1. 时间

有些领导者拒不遵守创新律令最常用的托词是："我们也想创新，但真的没时间。就算每天加班加点，也只能勉强忙完手头上的工作！实在没时间做不重要的试验。"

这简直是鼠目寸光！

为什么这么说？因为你和你的团队投入创新的时间，无论它体现为怎样的形式，都是**对未来的投资**。

可以这样理解：假如你家里的顶棚漏雨了，而且你知道这个顶棚快接近使用期限了，非换不可，那么，你会假装看不见还是立刻掏钱换新顶棚？当然会换新的。这是显而易见的。

同样的道理，假如公司的现行业务理念和流程接近失效了，你会对种种预警迹象视而不见还是会为新创意和新流程做出应有的投入？

有些领导者会说："我们用不着新创意。因为我们的业务是建立在坚如磐石的价值观之上的。这些价值观经历了时间的考验，历久弥新，永远不会过时!"

我们都认同价值观的重要性，也乐于见到人们秉持最基本的美德，如诚实、勤恳、公平竞争等。尽管如此，我们使用的**工具**还是会过时的。就拿亚马逊来说，它曾经用过的工具已经过时了，非升级换代不可。

你的供应链、营销策略、人力资源策略、IT 架构，它们都是工具，都有磨损殆尽的时候，最终都要被新的工具所取代。

至少竞争对手是这样做的，我们当然不能落在后面。你平时就很注意工具的更新换代，对吗？

亚伦·马丁说得很好："如果能通过创新打破自己的现有业务，你将赢得对于未来的发言权；如果做不到这一点，你等于把自己的未来交给了他人来塑造。"马丁是普罗维登斯医疗服务系统主管战略与创新的高级副总裁。

有些企业高度重视必要的升级和新创意的开发，甚至因此强制性规定了专门用于创新的时间。

1948 年，3M 公司实施了著名的"15%项目"，它规定员工每天拿出15%的工作时间，专门用来搞创新。便利贴就是这个项目的成果之一。谷歌和惠普等公司纷起效仿。谷歌甚至把 15%提高到了 20%，带来了Gmail[①]、谷歌地球和广告联盟等一系列明星产品。之后，这家互联网巨头修改了这项规则，不再做硬性的时间规定，更多地把它变成了一般性概念。

客涯是一家在线旅游网站，这家公司的高管会单独拿出一个星期的时间用来创新。这个星期最初是用来做团队建设的，后来发展成了"黑客周"。客涯的"黑客周"带来了有益于客户的新创意，如"直接预订"服务，它

---

① 谷歌公司著名的电子邮件服务。

能帮助旅游者在客涯网站上一站式完成所有的旅行安排，包括预订机票、酒店和租车等。

Atlassian 是一家协同软件供应商，拥有 Jira、Confluence 和 Hipchat 等多项产品，主要用于团队计划、代码和跟踪项目等。这家公司每季度举办一次名为 ShipIt 的创新活动，Atlassian 的员工要在 24 小时内完成一项解决方案，可以是针对某项产品的，也可以是面向整个公司的，甚至可以是用来解决公司以外的问题的。然后，每个人要对全公司陈述自己的方案，时间只有短短的 3 分钟。

职业社交平台领英推出了"孵'英'器"计划，帮助有想法的员工建立自己的团队，这些团队每个季度有一次机会向公司高管推销项目。领英公司在官方博客上表示，"孵'英'器"可以看作进化版本的"黑客周"，员工每个月拿出一个星期五，开展丰富多彩的创意项目。我们把"孵'英'器"看作一种微型投资，它的潜力很大，可能会为公司带来巨大的成功。"

时间宝贵。你可以用它来"试水"，保证自己不沉下去就好；也可以用来制定一些小目标，把时间投入新想法中，一定能在未来收获回报。

2. 资金

日理万机的高管们最常用的第二个借口是："我们没有闲置资金，没钱投资'高大上'的创新项目。"

请切记一点：**此时此刻**，创新的火花就在你的公司里闪现着！人总是好奇的，总是会追求自身工作的提升，这是人的天性使然。建立创新律令是最起码的要求，它能**捕捉**这些火花，帮助它们**发展壮大**，而不是掐灭它们！不仅如此，创新火花并不总是需要耗费资金的，实际上，创新常常可以**节约**资金。

　　健全的创新文化必定包括一定程度的资金投入，有些企业投入创新的资金相当巨大。2015 年，普华永道做过一次关于企业创新投入的全球调查，形成了创新投入的全球排名榜。名列榜首的是德国汽车生产商大众公司。这家公司的研发项目总投入达到了令人惊叹的 153 亿美元，相当于企业年收入（2691 亿美元）的 6%。大众表示，对创新的巨大投入是"成为极具竞争力和创新能力的汽车厂商，满足各种环保和安全标准"的必然要求。大众公司的研发巨资大部分投向了混合动力汽车和新技术配套，包括为大众旗下 12 个品牌中的部分车型增加半自动驾驶功能等。

　　其他的研发投入大户包括三星（141 亿美元）、英特尔（115 亿美元）、微软（114 亿美元）、理光、谷歌、亚马逊、丰田、诺华和强生等。

　　根据《财富》杂志的报道，三星把研发投入分为 3 个方面，并为每个方面设定了单独的投资回报期限：

　　（1）业务单元开发团队：1~2 年；

　　（2）研究机构：3~5 年；

　　（3）三星先进技术研究院，主要负责面向未来的项目。

　　阿斯利康是一家英国—瑞典跨国药物及生物制药企业。这家公司在 2015 年的研发投入占全年收入的 21.5%，是全球排名前 20 的药厂里专项投资比例最高的一家。

　　谷歌的研发团队约有 1.86 万人，这家公司大多数的研发费用用于人力和人力支持。谷歌年报称："我们的产品开发理念是推出创新型产品，越多越好，越快越好；紧接着，我们会通过快速迭代的方式完善这些产品，把它们变得更趋完美。"

　　事实上，毕竟像大众和谷歌那样的巨型企业屈指可数。大多数普通企业的领导者并没有**取之不尽**的预算，可以用来创新的钱就更少了。

钱不是问题。

问题不是为创新投入**多少钱**，而是**怎样**把钱花在刀刃上。

2017 年，普华永道调查了 1 200 多位企业高管，编制了一份《创新标杆报告》。报告指出，接受调查的企业普遍认为，无论是对企业收入增长的上限而言，还是对它的下限来说，创新至少发挥了比较积极的影响；几乎一半的企业称，对创新的投资为企业发展带来了"非常好"的影响，它对成本管理的影响同样非常显著。这些调查结果和各家企业实际投入创新的金额没有关系。实际上，普华永道指出："在过去的几十年里，我们的'全球创新 1 000 项'研究发现，投入创新的实际金额与企业的财务业绩之间并不存在任何统计学意义上的联系。这说明了一点，相比之下，如何使用研发资金远比投入多少研发资金更重要。"

完全正确！创新投资是必不可少的，但是，单纯砸钱是无济于事的。这和生活中的其他事一样：轻率地烧钱，遭到狠狠的痛宰；聪明地投资，收获满满的回报。你选哪一个？

斯图尔特·布莱斯是 Rubix 数字解决方案公司的 CEO，他曾在接受《头脑风暴》杂志采访时说："不要把创新投资简单看作企业预算表上的一个条目，它是企业对智识与文化投入的资金和努力。想完成这一观念的转变，需要企业最高领导者身先士卒，发挥表率作用，要从组织内部选好创新先锋，促成这一转变。"

3. 聪明才智

我们生活在一个变革加速的时代，创新已经成为一种常态。至少，对你的竞争对手来说，创新是一种常态。希望你也是如此。

变革意味着新事物进入我们的世界，影响我们的业务，如新技术、新流程、新的客户需求，以及新的外部威胁等。

想要掌控新挑战，就必须终身学习。终身学习离不开聪明才智，也就是做出明智判断的能力和快速决断的能力，要做到能谋善断。

如果没有持续不断的学习，任何组织都不可能建立起创新律令。而持续学习既包括对新想法的被动接纳，也包括对新知识的主动追求和获取。

企业对新思想的开放程度取决于领导者自上而下的带头作用和领导者以身作则的示范作用。做到了这一点，就等于起了个好头。仅仅是个开头。

接下来要主动出击。

企业对学习的**积极投入**离不开**精心设计的资源配置**，离不开鼓励和支持知识进步的文化的发展壮大。

对学习的投入

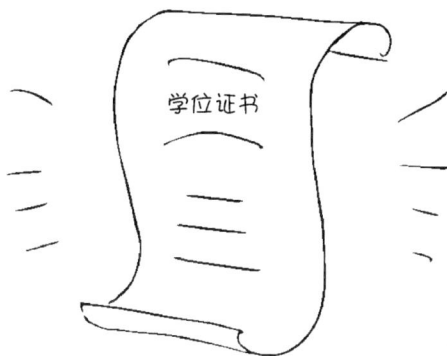

越来越多的企业支持员工接受正规教育，并为他们提供补贴。

卫生保健服务公司（Health Care Service Corporation，HCSC）是美国最大的会员制医疗保险企业。这家公司的管理层鼓励各层级员工追求创新、提出新想法、持续不断地学习。HCSC 专门推出了各式各样的项目，支持继续接受教育的员工。高级产品组合交付咨询经理丽莎·迪华德指出："我们为就读本科和硕士项目的员工提供补贴，也为参加各类资格考试的员工提供补贴，我们还鼓励员工积极参加各种研讨会和行业会议。"HCSC提出："我们致力于发掘新想法，找到更好的办法，提出正确的问题。关键是创造性思维，创造性思维的关键是好好学习和天天向上。"

规模较小的企业同样如此。《财富》杂志报道，2015年，总部位于得克萨斯州达拉斯的建筑及房地产公司 TD Industries 为员工报销了高达1 020 150 美元的学费和培训费。这家公司共有 2 300 位员工，其中92%的人享受过这项福利。由于身处建筑行业，更多的员工选择了参加技术培训班，他们通常在晚上进修。还有一小部分人选择了学分制的大学课程。总之，只要是涉及"学费"的课程费用，这家公司都会考虑给予报销。

这家公司的网站提出："TD Industries 秉承仆从式领导理念，我们始终把员工放在第一位。我们通过这样的方式支持兼容并蓄的企业文化，培养员工的主人翁意识。"

无论从哪个角度来看，TD Industries 的创新型企业文化都非常成功。难怪这家公司在很多排行榜上名列前茅：

- 2018 年《财富》杂志"最佳雇主 100 强"（第 73 名）；
- 2017 年《人物》周刊"最具关怀的公司"（第 11 名）；
- 2017 年"得克萨斯州最佳雇主"（第 12 名）；
- 2017 年《财富》杂志"最佳雇主 100 强"（第 44 名）；
- 2016 年"拉美裔人士的最佳雇主"（第 9 名）；
- 2016 年"最适合工作到退休的雇主企业"（第 5 名）。

EdAssist 公司专为雇主提供学费资助项目的咨询服务。它最近的一项调查显示：在同时面对几个相似的工作机会时，近六成的被调查者选择了带有职业发展计划的职位，而不是定期涨薪的职位。

企业为终身学习提供积极支持的方式有很多。它们能让创新火花在公司的每个角落熠熠生辉，同时，它们会带给企业更强的能力，做出更高明的决策，收获更丰厚的利润。

4. 精神

树立并保持一种文化，让创新的火花越烧越旺。这离不开时间、资金和智力的投入。上文已讨论过。

除此之外，还需要为它注入正确的**精神**。

这意味着，企业的文化要能让工作变得更有趣，让未知变得更加令人兴奋。

没人想要这样的文化：工作辛苦乏味，未知的一切让人望而生畏。

文件分享服务企业 Dropbox 是协作式工作环境的受益者。这家企业的协作环境推动发展了很多商业机会，"黑客周"就是一个广受欢迎的例子。每逢黑客周，Dropbox 的员工纷纷回归初心，有的摆弄起代码，有的潜心拓展一项职业兴趣。宽松的自由度让解决问题的过程变得不再那么令人畏惧，而是激发出让人意想不到的新点子，帮助团队（和开发者本人）脱颖而出。

美国最大的二手车零售商 Carmax 不断寻求变革二手车辆的交易方式，它的主要手段是透明无压力的客户体验。其 CIO 沙米姆·穆罕默德告诉《斯隆管理评论》，产品团队的管理方法是保持创新火花不灭的关键，"每位团队成员都要充满好奇心。我们鼓励比较敏捷的产品团队多学习、多探索，最大限度地实现业务目标，超出客户的预期。在这样的环境里，最重要的是建立和推动一种不怕失败的文化，这种文化的动力源于持续不断的学习，做好产品的每一次迭代"。

创新律令是**欢迎**失败的。吃一堑、长一智，人们可以从失败中不断**学习**。就算暂时没有一个清晰的目标也没什么。沙米姆·穆罕默德说得很对："刚刚开始创新之旅时，我们并没有清晰的蓝图用来指导我们的文化如何演进。但我们有灵活敏捷的产品团队，我们向他们学习。通过不断的评估，我们学会了如何变得更高效，如何做出更好的决策。"

要树立成果丰厚的创新精神，下面的4点非常关键。

（1）发力务求集中。很多企业的愿景和使命听起来大同小异，如"成为首屈一指的某某产品供应商"。这种大而化之的目标看上去有用，实际上根本无法激发创新。扬言要创新，却给不出方向。这可能是最糟糕的做法了。它会造成焦点的散乱，白白浪费宝贵的时间和精力。应该如何发力，如何让客户的生活变得更美好，如何帮客户解决问题，一定要明明白白。

（2）时间是最好的礼物。如果日常工作太过繁重，压得员工喘不过气来，请不要奢望创新。因为员工根本无暇顾及新创意。要么把创新融入日常工作，如把头脑风暴变成每个项目的例行工作；要么给员工整块的时间，从容尝试新想法。

（3）赞许失败。美国作家、牧师约翰·C. 麦斯威尔指出："普通人和成功人士之间的区别在于对失败的认知和应对。"作为一名组织带头人，你是如何应对失败的？你会不会说"这简直太糟糕了"？或者你会不会说"真是一次很好的尝试！我们能从中学到些什么，下一步准备怎么干"？请注意，这里谈论的失败不是纯粹的愚蠢，而是努力解决问题时难免遭遇的、诚实的失败［见前文提到的第（1）点］。

（4）嘉许成功。要让员工知道自己的成功带来了实在的改变，感到自己的成功得到了认可。员工提交了意见或建议，公司却连一句起码的"谢谢你"都没有，再没有比这更挫伤创新精神的了。

研究表明，物质奖励并不是激励创新最好的方式。如果创新的动力来自对现金奖励的渴求，它本身就是不健康的。

提摩西·居布莱、伊恩·拉金和拉马尔·皮尔斯三位研究者做过一篇名为《见不得人的员工奖励计划：真凭实据》的报告[①]。报告发现，奖励制度往往带来适得其反的结果。拉金在哈佛商学院通讯中指出："谈到奖励计划，我是这样告诉企业的：'不要奖励现金 500 块，更不要奖励去巴哈马旅游。'这样的奖励听上去确实不错，但是，它会扭曲人们的心理倾向。"

更好的办法是与需要认可的人们建立感情纽带，加强更富有人情味的联系，要在人们面前公开表扬他们。拉金指出："这一做法的价值之高，简直难以估量。试着当众表扬人们的工作，这比现金奖励的价值高得多。"

5. 资源

不能只在口头上说重视和支持创新，还要为创新提供资源，这样才能让自己说出的话更有意义，才能把创新变成现实。不投入资源，怎么谈得上回报？无论对什么类型的企业来说，这一点都是不言而喻的，创新当然也不例外。

前文讨论了两种重要资源：资金和时间。

除此之外，还有几种同样重要的资源。

其中的一项是创造新事物必不可少的物质资料。企业都离不开必要的设备，如电脑、工具、产品的样品，甚至失败项目的遗存等。核心业务更是每天都离不开设备。拙于鼓励创新的组织往往把必需的设备雪藏起来，

[①] 报告原标题为 "The Dirty Laundry of Employer Award Programs: Evidence from the Field"。

只有在主营业务需要时才拿出来。有的员工想尝试新事物，却很难接触到公司的设备，甚至会因为遭到劝阻而灰心丧气。相比之下，在上下一心、全力投入创新的组织里，领导者会保证所有员工坦然使用企业的各类设备，放开手脚地尝试新创意。

人们常说，设置专门的创新实验室或者创新部门往往事与愿违。这是因为很多领导者只管建立这样一个场所，之后便什么都不管了，任其自生自灭。很多创新实验室因此沦为了自我感觉良好的空架子。它也许能让公司的年报变得更漂亮，却拿不出什么实在的成果。我们看到，很多大企业近几年纷纷关闭或者大幅缩减了对创新实验室的投入，如诺德斯特龙、微软、迪士尼、塔吉特、可口可乐、英国航空和纽约时报集团等。分析人士指出，90%的创新实验室都失败了。

实际上，如果从严肃的立意出发，建立实验室，为之配置资金和设备，再把它交给员工，发挥实在的作用。创新实验室完全可以成为公司的瑰宝，戴姆勒公司的1886实验室就是为数不多的例子之一。2007年，戴姆勒公司启动了"戴姆勒商业创新计划"，也就是后来的1886实验室。它获得了巨大的成功，主要是因为戴姆勒为它设定了明确的进度里程碑和公开透明的工作流程。如果一项创意无法通过预设的压力测试，比方说，某个项目不具备可扩展性，或者无法帮助公司完成任务，它就会被废弃不用。戴姆勒网站指出："创新不能依靠运气。创新是按计划实施的。把不可能的事变成可能，这种热情驱使人们运用已知知识开展试验，通过新方法把它们归纳在一起。这就是1886实验室的理念。按照先后顺序，这一理念可以分为3个阶段：构思、培养、商业化。"

6. 想象力

想象力是思想世界的一部分，它能帮助人们看到尚未存在的事物。这些尚未存在的事物，有一天可能真的会出现。

想象力是创新工作至关重要的**第一步**。

想象力是人类独有的特性，它帮助我们看到问题、把此时的情景投射到彼时的未来、找出解决问题的好办法。它帮助我们把看上去毫无关联的想法放在一起，通过意料之外的方法把它们整合起来。有了想象力，才能提出"假如……会怎样"这样的问题，才能看见办法的模样。

在普通手机上搭建人人能用的银行转账系统，这个想法怎么样？

通过卫星实现全球万物的精准定位服务，这将是怎样一番景象？

借助互联网的力量，人人在家办公，不必两点一线地往返奔波。这个主意好不好？

制造一体化的光伏屋顶，取代庞大、笨重、靠螺丝钉固定的太阳能电池板。听起来一定很不错吧？

你会发现，在每个类似的例子里，以及数不清的没有提及的例子里，创新的过程都离不开对问题的审视（例如，在发展中国家，数以十亿计的人用不上银行服务，这是个问题），更离不开对解决办法的想象（这些人大多使用手机）。只要能想象出一种解决办法（在手机和银行系统之间建立联

系），剩下的就是具体的技术问题了。简单地说，手机转账就是把手机账户"加满"信用额度，通过短信发送到对方的手机里。这看上去十分简单，而且早已变成现实了！

规模庞大的工作同样离不开想象力，但它确实不太适合渐进式的、日积月累的革新。有一些关于挑战的典型表述，类似"运动鞋产品线应该采用哪些颜色？"或者"如何提升全球各分部间的沟通工作？"它们不大可能激发想象力。实际上，它们更多地限制了想象力。要激发员工或他人的想象力，还要在刺激他们的同时去除预设的成见。比如，类似"怎样改善送货工作"这样的问题，不如改成"想一想，我们的产品每次都能准确及时地送到客户门口，一周 7 天，风雨无阻。这样的送货系统应该是什么样的？请描述一下，画出来也可以"。这样一来，相当于给了人们一张空白的新画布，上面不带一丝一毫先入为主的成见。想象出来的办法不一定尽善尽美，但没关系，因为插着想象的翅膀翩然而至的，也有可能是颠覆市场的全新创意。

想象力可以超越数据，直达颠覆式创新

企业依赖数据，习惯通过数字来了解客户想要什么。直觉遭到了全世界的摒弃。就一定程度而言，这是合理的。在有限的范围之内，数据确实是有用的，但是，仅限于此。

尽管做过大量市场调研，依然遭遇惨败。这样的产品有多少？很多！政治大选，黑马爆冷，给了言之凿凿的数据一记清脆的耳光。这样的情况又有多少？很多！特别多！说到底，客户是从自己的情绪出发做出购买决策的，而不是从数据出发。客户购买的是自己喜欢的东西，就算从未见过也没关系，甚至更好。

很多时候，客户根本意识不到自己真正的问题。他们只知道眼前的痛

点是什么，这些痛点可能只是真正的、更深层次问题的表征而已。想了解客户的真正动机，需要投入时间、耐心，还有想象力。

要抓住客户问题的核心，首先要观察所有数据；然后向前一步走，去切身体会客户对这一问题的实际感受。触摸它、闻闻它、尝尝它的滋味。设身处地地把自己带入客户所处的情境当中，去感受客户在这一情境中可能会如何行事。

史蒂夫·乔布斯堪称这一做法的当代宗师。通常，客户自己还没意识到需要什么，或者客户隐约意识到了某种需求，但不知道如何表达时，乔布斯早已想好了。他曾经说过："通过焦点小组来设计产品，这太难了。很多时候，人们根本不知道自己想要什么。只有当产品摆在自己面前时，他们才恍然大悟：原来自己如此需要它。"

2012 年，太阳马戏团的高级副总裁马里奥·德阿米科在《哈佛商业评论》一篇案例研究中写道："如果人们从未见过一种东西，怎么可能知道自己需要它？假如太阳马戏团问大家想看什么，最后的结果一定是年复一年地排演《天鹅湖》，直到永远！"

如果你只想逐步改善现有产品，有客户调研和数据就够了。

如果你寻求的是大规模颠覆式创新，请忘掉数据，开动想象力吧！

持之以恒、专心致志地投入时间、资金、学习、精神、资源和想象力，一定能收获创新。只要你和你的组织专一地为这些创新的基础做出投入，持之以恒，就一定能站在创新的潮头，成为创新的弄潮儿。

波城美酒夜光杯，欲测 App 先喝醉！

《纽约客》最近刊登了一篇关于 Appcues 公司的报道。这是一家位于波士顿的初创企业，专为 App 软件提供测试服务，并对操作便利性做出评判。这家公司发现了真正的创新火花。他们发现，在针对目标人群开展 App 测试时，如年龄在 20～40 岁的城市居民，最好能在真实的、类似于战斗的情况下进行。例如，当他们不胜其烦时、迷茫无助时，或者……喝醉时！Appcues 公司 29 岁的 CEO 乔纳森·金说："我们琢磨着，一边聚会一边测试 App，喝酒工作两不误，有点儿意思吧？"

这家公司真的做过几次酒后测试，地点选在公司的老根据地波士顿。Appcues 公司网站是这样描述的："通过这种可用性测试，产品团队得以观察用户与软件之间的现实交互，更好地完成了软件评估。参与者操作多种产品的测试版本，然后直接和产品的创造者详细交流使用心得和感受。"

2018 年 3 月的一个晚上，Appcues 在旧金山租了一块场地，召开了"煮酒论 App：西海岸测试者大联欢"活动。共有 280 人报名参加了这场活动，他们大都是乘坐优步汽车或搭乘电车赶赴现场的。参与者多为男性科技工作者，只要支付 6 美元，就可以开怀畅饮各种啤酒和红酒。当然了，还要完成各项 App 测试。

一位名叫艾米·洛夫特斯的软件工程师告诉《纽约客》记者："让一大群人喝到醺醺然，然后取得相关数据。这样的做法棒极了，它能得到平时完全无法获取的数据。"

创新有很多形式，包括找到新的测试产品的方法！

行动起来！

要确保强有力的创新律令，务必做出以下 6 项投入。

1. 时间

员工需要时间完成实验，还要为新的解决办法开展头脑风暴。我们可以把这些时间固定到日程里，也可以把它们融入日常工作中。无论采取哪种形式，最重要的是把投入创新的时间当作对组织未来的投资看待。

2. 资金

为了启动创新，保持创新的一致性，一定要单独制定预算，专门用于支持创新工作。即使资金拮据，也要做到这一点。穷则变、变则通、通则久。

3. 聪明才智

你的员工是最棒的、最聪明的。要鞭策和帮助员工投身于终身学习、做出明智的业务决策。你将因此获得极为可观的投资回报。

4. 精神

员工参与度最高的企业，往往离职率最低。这些企业被人们看作最让人感到幸福的雇主单位。反之，闷闷不乐、沉郁无聊的员工毫无创造力可言。一定要帮助每位员工抖擞起精神，和他们建立起感情纽带，那也许是一种他们遍寻不到的感情联系。总而言之，要让整个团队充满高昂的斗志。

5. 资源

要树立经久不衰的创新文化，首先需要投入时间、资金和资源。这里提到的资源主要是指物理空间和必要的设施设备。

6. 想象力

"能不能逐步改善现有流程？"这样简单的一个问题，足以解决许多根深蒂固的老问题。这很好！但是，要实现真正的突破性创新，更好的办法是想象一种理想情况，问问自己："什么样的方案能帮助我们把这种情况变成现实？它看起来可能是什么样子的？"

现在就行动起来吧！

第六章
Chapter 6

完整的肉夹馍

没有轮子的汽车你会买吗？

不带输入法的手机了解一下？

没有肉的肉夹馍要不要尝尝？

当然不要！

我们要的是完整的汽车、完善的手机。最要紧的是，没有肉叫什么肉夹馍！

创新律令也是一样。

创新当然需要投入。但是，没人愿意白白投入时间、金钱和资源，只换来半生不熟的烂尾项目。恰恰相反，人们想要的是健全的、全方位的项目，覆盖组织的每个角落。只有这样，才能获得完全的回报和最大化的收益。

从概念入手

要避免三心二意的创新律令，你必须首先定义它是什么。并不是因为它有多深奥，而是因为这个简单的前提常常难倒很多人，而且，它是迈向全面性和完整性的第一步。下面来谈谈需要做什么。

还记得创新的定义吗？创新是：**创造新价值，为组织的愿景和客户服务。**

创新火花可能出现在任何地方：计划周详的创新实验室、员工的建议、与其他行业企业的合作等。要及时发现和评估每个创新火花。只要发现了具备潜力的火花，就要为它们提供适宜的资源，悉心培养。这样才能把创新纳入组织日常运营中。

要反复地、成功地做到这一点，就需要一种整体性方法。这种方法能帮助组织和组织中的人们不断地探索新想法，确保没有新想法从缝隙里悄悄溜走。

当创新实验室拿出新的创意时，组织应该做好准备接收这一成果。毕竟，建立创新实验室本来就是为了创新。

当一线员工提出流程改进的新想法时，组织要保证看得到、抓得住这些小小的思想火花。

当一位经理提出"我们应该和某某公司合作，向彼此的用户进行交叉销售"时，组织要认真地开展评估。如果它是值得投入的，就要给予支持，把它变成现实。

这就是在竞争中先人一步的秘诀。

这就是满足客户需求的方式。

这就是收获更高利润的办法。

大夫您好：创新诊断法

感到身体不适时，人们会去看医生。

患者会说"我头痛"或者"我肚子疼"，或者描述其他症状。

医生会怎么做？请选择正确答案：

A．立即开具住院证明，小车推进手术室，开刀手术。祝您早日康复！

B．详细问诊，审阅病史。必要时做些医学检查，更准确地找到问题所在。手续全部完成后，开具处方，提出治疗方案。

很显然，答案 B 是对的。先要完成认真细致、信息充分的诊断，才有可能帮助病人康复。

从走进医学院大门的那天起，每一位医学院学生和实习生都会把准确诊断的重要性深深烙在心里。为什么？因为误诊是要出人命的。准确的诊断可以救死扶伤，错误的诊断后果不堪设想。

对企业来说，道理是一样的。

制订组织转型计划，让企业成为创新领导者。第一步必须从诊断做起。只有先搞清楚眼前的现实，才能知道如何通过计划改变它。才能施展创新大计，把战略落实到实际行动中去。

领导者必须投入：你可明白？

上一章说过，如果组织的最高领导层不能确保绝对的投入，就不宜启动创新律令。那么，领导者对于创新的真正投入体现在哪些方面？详尽的清单会很长。如果把创新比作万里长征，领导者的投入就是最关键的第一步。如果领导者的投入不够彻底，或者不够真心实意，就干脆不要出发。

领导者的投入必须包括：

- 积极主动地牵头；
- 充足的资金；
- 整个组织的资源；
- 必要时提供教育支持；
- 切实可行的目标；
- 量度指标；
- 把责任落实到人。

做一个圣诞老人式的领导者，"多检查几遍清单"！

医生永远不会在准确诊断之前开具处方。同样的道理，如果有哪家企业不同意我开展**创新就绪性评估**，我就当没有这个客户。

设计一项创新计划时，必要的"诊断"必须涵盖人员、投资、基础设施和策略等几大方面。

为进步做好准备

人是组织的心脏和灵魂。所以，先不要急于制订计划。在转型成为创新领导者之前，先做好几项人力资源领域的诊断工作。

团队架构。组织需要一位创新负责人，以确保组织转型的健康完备和可持续发展。在小一点的企业里，创新负责人可以由 CEO 担任。但是要注意，创新可不是一个人的事！创新文化的成形要浸润到公司的每一个岗位和每一个人，从董事会会议室到传达室，甚至到外部利益相关者，一以贯之。

风险文化旨趣。有成功的创新，就会有失败的创新。没人能预见一项创新带来的所有结果，无论它们在事后看起来多么显而易见。

埃森哲最近的一项研究发现，高度创新的企业并不比不太创新的公司更乐于冒险。乍听上去，这似乎很令人吃惊。然而，随着调查的逐步深入，研究者发现，创新企业的不同之处在于**创新风险管理**方式，决定创新企业成功的关键是商业模式。

快人一步的创新者发现，精妙的、最高水准的风险管理工具和技巧实际上能够帮助推动创新的发展，而不是扼杀它们，如小规模试验和组合式管理等。他们发现，把深思熟虑的风险管理方法和创新结合起来，可以得到强有力的、由价值驱动的结合体。

利益相关者的激励。利益相关者会从一项创新中得到什么，或者失去什么？一部分利益相关者可能遭到遗弃，例如，因为组装线的自动化而失去工作的车间工人；也有一部分利益相关者可能受益，例如，营销创新为一些社交媒体平台带来了更高的广告收入。一定要了解创新对每位利益相关者可能造成的影响，做到心中有数。

内部沟通。缺乏沟通的部门孤岛是坏事，毫无障碍的内部沟通是好事，这早已成为商业世界不言自明的公理。这对创新型文化尤为重要，因为随着新的范式被不断引入，这里的变革速度更快。

良好的沟通也可以**激励**创新。多和本领域以外的人打交道，这样能带来更好的想法，兼听则明。比如，产品团队成员多和支持团队、销售团队和市场团队成员交流，往往能得到非常有用的看法，能够更好地认识到客户真正想要的是什么。

创新培训。创新也是一种技能，而技能是可以通过学习来掌握的。最好的创新培训一定是亲身实践式的，接受培训的人需要组成团队，为创新项目提出切实可行的想法，然后向高层管理者推销这些想法，收集反馈意见，再进一步细化调整方案。

最基本的创新培训是面向全体人员的，然后收窄范围；提供进阶培训，再次收窄范围。到了最后，为剩下的几位确实富有创新能力的员工提供最高额的投入。这种"过筛子"的方法能逐步摈除风险、降低成本。千万不要搞创新小圈子，把一部分人拒之门外。因为新点子可能从任何地方冒出来。

有些员工完全没有创新能力，也许应该另谋高就。

创新活动。哗众取宠的耍花枪是没用的，而聚焦创新的主题活动往往能带来积极的效果。最典型的例子是：企业组织一场为期一天的活动，员工组成小团队，尝试解决一个与业务相关的问题。一天结束时，各团队向领导展示想法，汇报站得住脚的业务案例和工作原型。

例如，根据网站 Thoughtworks.com 的报道，有家银行通过"创新日"获得了这样一项解决方案，它解决了合租者每个月如何分摊房租和分享账单的问题，包括租金、水电煤气费等。银行把这个团购型账单支付的新功能添加到了现有支付 App 中，极大地方便了用户与好友的账单分享行为，发送信息提醒对方需要支付的金额和银行信息，并生成唯一的咨询编号。有了这个编号，信息发出者可以方便地查看好友支付账单的具体时间。

为什么这家银行喜欢这个创意？因为其他银行现在无法提供这项服务。有了它，这家银行能更好地为年轻一代客户服务。研究表明，年轻客户更喜欢频繁地分摊账单。

谈钱

越来越多的组织自问：

（1）组织为创新投入了多少资金？

（2）投入多少资金才算合适？

看似简单的问题。领导者偏偏给不出确切的回答，或者说，他们根本没思考过这两个简单得不能再简单的问题。

创新资金应该如何配置？《哈佛商业评论》为此调查过一些企业管理者，得到了这样的答复：

- 75%用于日常经营；
- 5%用于渐进式改进；
- 10%用于持续性创新；
- 10%用于大规模、颠覆性创新。

实际上，多数受调查企业的投入并没有达到这个水平。这说明，组织本能地认为，不该在创新上花费太多的资金。很多企业甚至连创新两个字都没做到。因为大部分资金被用来维系企业的日常经营，即"让灯亮着"，所以，要想完成组织转型，成为创新引领者，就需要创新负责人保持自律，单独为创新和改进配置资金。如果不为创新明确界定专用资金，日常运营的起起伏伏势必吞噬掉大部分资源，而创新只能被"饿死"。

基本要素

除了人，组织里还有其他要素，如建筑、办公室、电脑、网络、车辆等。在组织转型成为创新领导者的道路上，它们发挥着各自的作用。

技术基础设施。想法出自人的头脑。话虽如此，很多时候，想法的产生也离不开技术的帮助。不只精密的技术，还包括非常简单的技术！丰田公司刚开始推行**持续改进**时，组装线上的工人使用看板[①]相互交流。实际上，它就是一张彩色纸板，用来向下一个环节的工友传递信息，如需要补充零件等。直到现在，丰田的一些项目经理还在使用看板卡片。只不过，这些贴在看板墙上的卡片如今发挥的是团队信息枢纽的作用。

另一方面，很多企业采用了复杂精妙的创新软件系统。它们能帮助团队成员和领导者捕获和管理那些最终形成最佳创新的想法，还可以为之投

---

① 意为"广告牌"或"公告板"。

票表决。高端的、由流程驱动的、以结果为导向的工具能够形成创新工作流，为创新提供完全的、端对端的支持。它们属于高度战略性工具，让创新开发工作变得浑然一体，同时注重分析、执行、组合式管理、试点和发展趋势。

文档工作

如果没有一本又厚又重的《规章制度与流程手册》，哪家公司敢说自己的管理完善？但我希望你的手册又轻便又简练！毋庸置疑，创新应该是充满乐趣的，但这并不代表创新不需要路线方针和一套大家都能认可的规矩。

明确的目标。对于顶尖的创新型企业来说，完成创新工作的方式和完成其他业务目标的方式没什么两样：它们的成功都必须是可以衡量的。

比如，许多公司使用一项名为创新销售率的度量指标。第三章中已经提到过，作为一种测量手段，它主要考察的是新产品销售额在所有产品销售总额中的占比。

另一项关于创新和创造力的关键测量指标是全体员工每个月提出的创意总数。分析师指出，普通日本企业收到的员工书面建议数量是美国同行的 100 倍。随着美国的制造行业从长达几十年的低迷中慢慢回升，这个指标正在发生变化。我们可以从类似通用汽车这样的美国企业身上清楚地看到这一点。在过去的十年间，这家公司的文化发生了剧烈的变化，变得越来越好。

也有很多企业测量的是创新管道经风险调整后的净现值和投资回报情况。

规定、手续和体系。也许你会认为，过多的规定和手续会扼杀创新火花，而不是促进它们。很多时候确实如此。如果提出新创意的过程冗长复杂，让人晕头转向，这无疑是在扼杀创新。

我们提到的规定有所不同，它指的是为了**鼓励**创新、**发扬**创新而出台的规定。如何通过规定来推动创新，说白了，就是规定明确的优先级和目标，确立先后有序的工作方式，高效合理地分配资源。

具有强大创新律令的组织一定拥有健全的各类系统，如集成的客户接触点管理系统，客户的心声在这里得到恰如其分的把握和分类，再被传送到每个需要客户反馈意见的部门。最重要的应该是创新工作奖励系统，包括公开认可和表扬功能，它会清晰地传递出这样一个信号：公司重视创新。

创新律令的正规策略。 创新文化的形成可以通过有计划的行动来实现，如创意挑战赛、风险投资型孵化器基金、催化团队等。它们能提高转化创意的数量和质量。有些企业的创新管理非常成功，创新成了这些企业与时俱进的核心能力。这些企业往往能提高运营效率、增加收入，建立新的商业模式和新的业务架构。

创新的管理需要新思路和新做法。首先要拟定一份章程，就目标、愿景达成一致共识，同时保证它与业务目标的一致性。此外，还要为计划界定明确的范围、制定预算、落实资源。

知识产权政策。 就定义而言，创新属于新的想法或者新的发明。尽管如此，所有团队成员必须明确一点，有关员工工作成果的法律规定：员工接受公司的薪酬，使用公司的资源，由此产生的劳动成果，其所有权属于公司。明白这一点非常重要。

关于用人单位对知识产权的所有权，最关键的步骤是与员工签订书面协议，明确规定他们在聘任期内创造的任何及全部知识产权归公司所有。这一协议通常被称为"发明权归属协议"，或者"新发现所有权协议"。

创新评估报告。没人喜欢写报告，但是报告自有其存在的价值，比如，人人都能从报告中获得信息。创新评估报告的主要目的包括以下几点。

● 对项目成败做出明确判断，这主要是为别人提供前车之鉴（这通常是在摘要部分完成的）。切记，对一个专注于持续创新的组织而言，成败都是常事。不仅如此，失败往往能带来非常宝贵的教训。

● 描述项目的详细信息，方便他人追随自己的脚步，或者从细节处理解该项目。以便复制决策或者另辟蹊径。

● 阐明项目带来的启示和评估工作的局限性，方便他人理解总体环境。

可以找一些现成的项目进度报告模板，让自己有个预制的轮廓。网上有很多这样的模板可供下载。

要判断组织当前准备到什么程度，上述几点只是需要留意的一小部分。创新应当具备一定程度的灵活流动性，但它同样需要一套生命维持系统，这套系统的基础是对什么行得通、对什么行不通的有据可依的判断。

归根结底一句话：你准备好了吗？

进攻计划

确凿的诊断完成后，医生会给出具体的治疗方案。

同样的道理也适用于组织，以及组织通过转型成为创新引领者这一大计。有句老话说得好："失败的计划等于计划去失败。"说得对极了！

创新不能匆忙上马，要边做边看。创新需要计划，以避免出现代价高昂的潜在问题。凡是工作都离不开计划。创新操作系统是企业的基础设施，它能保证企业避开常见的陷阱，证明有意义的、可测量的成功的可能性。

即兴是好事……仅限一定程度

创新的火花随时随地可能和我们不期而遇。

它同样可以通过精心的设计得来。

无论哪种情况，这些小火花都需要被发现，被耐心细致地引导进入创新管道。

匆忙召开的头脑风暴会议可能会产生大批好创意，但其中相当大的一部分得不到采用，而那些无聊的、令人生厌的创意反而一次又一次地登堂入室。这种情况太多了，一个主要原因是创新缺乏计划。

有的老板在办公室疾呼："给某某公司的方案急需新想法！赶快头脑风暴一下。"

然而，头脑风暴产生的创意有多少得到了落实？

创意是件好事，但是如果没有实际行动的支持，创意本身是无法让组织获益的。

创新计划让即兴创意有了结构和脊梁。好的计划会让你有一整套方针，指引人们保护和培养脆弱易逝的创新火花，帮它修成正果。

礼赞成功、善用失败

创新是寻求新想法，跳出框架思考问题，想象尚未存在的事物，拥抱风险。

它意味着对成功的礼赞。

那失败呢？要认识失败，迅速地处置失败，从失败中学习。那些敢于尝试新事物，惜乎功败垂成的勇士们值得我们认可，他们的努力值得我们感谢。当然，我说的不是像小学老师一样，为他们颁发哄小孩儿的"参与光荣奖"。这根本没用。真正重要的是以失败为师，把失败变成通向成功的跳板。

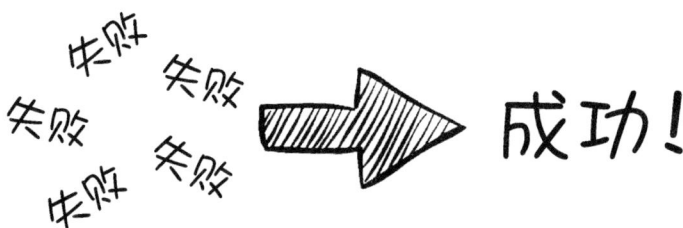

失败 失败 失败 失败 失败 失败 失败 ➡ 成功！

在全方位创新文化中，管理失败从来不是一件容易的事，尤其在典型的、习惯于惩戒失败的企业文化里。这就特别需要领导者的个人作用，他们必须为创新型组织树立正确的基调和价值观。

历史上充满了转败为胜的例子。

及时叫停糟糕的创意

好的创意需要大力培育和发展，这一点特别重要。它们就像我们存在银行里的钱。

同样重要的是，要果断叫停那些注定失败的创意。

不要指手画脚，不要归罪责难，更不要相互埋怨。把杂草从菜园里清除出去就行了。

1997 年，史蒂夫·乔布斯回归苹果公司，重掌帅印。他大刀阔斧地削减了苹果的产品线，把 150 多种产品砍到 4 种：消费者桌面设备 1 种，专业桌面设备 1 种，消费者便携设备 1 种，专业便携设备 1 种。乔布斯说：

"决定不做什么和决定做什么同样重要。这个道理对公司有用,对产品同样有用。"

产品线的简化和对质量与创新的重视带来了回报。沃尔特·艾萨克森在《乔布斯传》里提到:1997 年 9 月,在乔布斯回归的第一个财年结束时,苹果巨亏 10.4 亿美元,"距离破产只有 3 个月"。短短一年之后,苹果公司的盈利达到了 3.09 亿美元。

读者可以在下文找到创新计划的实用模板。

上一章和这一章论述了两个非常关键的问题:创新成功最大的源泉是**投入**和**完整性**。

别忘了,创新可以是一场欢宴! 这也是本书谈论的主要内容,希望它能帮助读者善用良机,在服务客户的过程中找到乐趣,为企业创造价值。

SLACK:从失败走向成功

2005 年,斯图尔特·巴特费尔德和他的联合创始人卖掉了自己一手创办的 Flickr[①],成立了一家名叫 Tiny Speck 的视频游戏公司,专门打造多玩家在线游戏体验。这家企业生不逢时,它在个人电脑游戏领域投入了几百万美元,却赶上了手机发展的大潮。他们很快意识到了自己的错误,迅速关停了 Tiny Speck,一切从头再来。在开发游戏的过程中,为了方便沟通和分享文档,巴特费尔德曾经开发过一套内部聊天系统,名叫可检索式对话及知识日志(Searchable Log of All Conversation and Knowledge, SLACK)。有一次,他们一时兴起,把这套系统分享给了微软等公司的几位朋友,结果立刻得到了积极热烈的反馈。巴特费尔德立即意识到,真正

---

① Flickr,图片分享网站,2004 年成立于加拿大温哥华。

的黑马并不是那款复杂的视频游戏，而是这个简单的副产品。

2018 年 2 月，SLACK 网站的日访问用户达到了 900 万，年收入预计可达 2 亿美元。

如果不是视频游戏遭遇了彻底的惨败，巴特费尔德和他的团队也许永远不会把注意力转向 SLACK，也就不会有后来的巨大成功。这支团队过于专注大型游戏，没有注意到自己亲手创造的工作具有这么高的价值。随着这个大项目的阴影被移除，他们突然发现了他们工作的其他部分的潜力。

行动起来！

1. 先为组织做个精确诊断

不知从哪里出发，就无从制订计划。做个诚实的人，不要粉饰现实。如果你知道从哪里入手去打造强大的创新律令，就放手去做吧。

2. 确保高层管理者的投入

上文提到过，这里再强调一遍：如果没有领导层强有力的支持信号，员工很可能选择避险自保，这是很自然的事。员工一定会怎么安全怎么做。按要求完成工作，不越雷池半步，就不会动辄得咎。这可不是你想要的！组织要持续不断地激发新创意，让大家明白，新创意不仅是组织渴望的，也是员工必须要做到的。

3. 为成功打好基础

要做好关键功能区域的检查工作，包括人员、资金、基本要素、文档等。要确保它们协同一致，共同支持创新。要设定好测量指标，用来判定创新是否成功。

4. 嘉许成功，从失败中学习

既不要忸怩作态，也不要偷偷摸摸。如果一项创意行之有效，就要让大家都知道，还要明确牵头人。应该尽量避免货币奖励，没人希望看到金钱成为创新的第一动力。

　　遭遇失败时，要迅速发现和解决问题。要和员工讲清楚，诚实的失败不算意外。每次失败都是通向全新突破的又一级台阶。要始终以组织愿景为努力方向，咬定青山不放松。

第七章
Chapter 7

系统=好；混乱=不好

系统的价值，企业界无人不知、无人不懂。

系统是企业的可重复性流程，理论上，系统可以在没有领导者或管理者直接干预的情况下自行运转。系统是一种工作完成方式，它运用相同的方法处理数量众多的事物，周而复始，把效率发挥到最高。它帮助领导者放眼未来的成长，从简单的生存走向真正的繁荣。

与建构完好的系统相对的是混乱。无论是初创企业还是大型企业，都不会对混乱感到陌生。混乱是令人痛苦的，混乱中的人们每天把力气浪费在重复性工作上。四面起火，八方冒烟，疲于奔命的人怎么可能创新？他们自顾不暇地应付眼前一个又一个不大不小的危机，不可能对未来做出像样的筹划。

系统可以很简单，也可以很复杂。比如，小型企业的邮件自动回复序列，它能帮助企业培养与邮件列表订阅用户之间的关系。再如，当项目的某一部分标记为完成时，有一种系统可以自动为之开具发票。

企业的规模越大，就需要越多的系统。大型企业拥有供应链系统、销售系统、生产系统、招聘系统、品牌系统和市场营销系统等，它们涵盖了企业运营的方方面面。

特许经营模式下的企业与系统无异。单论加盟商数量，7–11 便利店是特许经营行业绝对的王者。这家便利店在全世界 17 个国家拥有 58 000 家加盟商，它的系统发展到了极尽精细的程度。如果你想开一家 7–11 便利店，基本上，只要交上 37 550 美元到 120 万美元（具体金额取决于选址等因素），接受完培训，就可以开门迎客了！这家便利店的总部位于美国得克萨斯州达拉斯，它为加盟商提供全面的服务，包括获取土地、提供店面和店内设备，承担持续成本；店面运营的记账、账单的支付、薪酬管理服务；还包括所有店面运营费用的支持和融资。甚至为加盟商的水费、垃圾处理费、燃气费和电费买单。

7–11 便利店的系统已经微调到了接近于科学的精密程度。

规模庞大的运营系统本身并不能保证成功，百视达就是明证。2004 年是百视达发展的顶峰，这家视频租赁巨头当时在全球拥有 8.43 万名雇员和 9094 家店面，其中的 4500 家开在美国。它是视频租赁行业无可争议的霸主！可惜好景不长，视频租赁市场后来消失不见了，百视达的业务系统随之变成了明日黄花。2010 年，百视达宣告破产。

有一些（但是远远不够！）企业拥有自己的创新系统。我们会在后面的章节详细讨论。

最好的系统一定是灵活的

系统是个好东西。从很多方面来看，它都是极好的。

假如没有系统，人们不得不一遍又一遍地反复解决同样的问题。系统能保证一贯性、促进节约、减少没有附加价值的重复劳动。系统能够保证，你在北京买的巨无霸汉堡和在南京或者东京买的巨无霸一模一样。这意味着麦当劳可以因此提高巨无霸汉堡的生产规模，精确预知它的利润率，无论它的销售地点是青岛、冰岛还是所罗门群岛。

系统也可能变得面目狰狞，从组织的朋友摇身一变，成为最可怕的敌人。

系统可能变得根深蒂固，变成前进路上的绊脚石。企业的外部情况是始终变化的，尤其是现在，商业环境的变化速度越来越快、程度越来越深，而有的人固守甚至迷信旧系统，错误地认为它是久经考验、可信可靠的，是可以挽救任何局面的。

拉塞尔·拉科夫是商业系统的早期先驱之一，他曾警告过，要当心组织孤岛、僵化和碎片化的问题。根据拉科夫给出的定义，系统是在"二战"结束后开始出现的，那是一个全球复杂性和技术复杂性高涨的时代。组织需要应对"多组相互纠葛的复杂问题"，最大的挑战是如何设计**会学习、能适应**的系统。拉科夫说："经验并不是最好的老师，它甚至连好老师都算不上。因为经验来得太慢、太不准确、太含糊其词了。"组织需要通过试验的方式学习和适应。关于试验，拉科夫说它"快得多、准确得多，也清晰得多。我们想设计的系统，一定是通过试验来管理的，而不是通过经验来管理的"。

这个例子告诉我们，系统固然是每个蓬勃发展的企业必不可少的，但是，系统同样要做到灵活敏捷。系统一定是弯而不折的，它能在外部条件发生变化时做到自我调整和自我改造。

系统要**尽量简单**，这样才能应对千变万化的情况。

对用户友好的操作系统

智能手机出现之前，或者说得更远些，电脑进入千家万户之前的"远古"时代，你还记得吗？

20 世纪 70 年代，数字中世纪，人们听说有种东西叫电脑，它的个头儿和电冰箱差不多大。对当时的普通人来说，使用电脑最大的障碍是它太复杂了。要先学会使用命令行提示语言，才能使用电脑操作系统。当时大行其道的是穿孔卡片，当时的人们用计算器计算，用打字机打字。

是苹果公司把电脑变得直觉化。苹果的 Mac 电脑操作系统带有桌面和位图化图形显示功能，这让操作变得简单多了。当时包打天下的是 DOS 系统，而苹果电脑需要的 DOS 培训和专业知识相对较少。另外，Mac 电脑带有图形化用户界面和鼠标，是第一款真正意义上的大众电脑。它还有打印预览功能，所见即所印。

也就是说，用户可以在没有接受过任何专业培训的情况下轻松驾驭这套系统，轻松发挥它的生产力。用户不需要花费时间和精力去学习如何执行一个任务。最好的产业系统就该是这样的——尽可能简单、容易上手。

同样的道理，创新也必须是能够**长久延续**的。还以苹果公司为例，这家公司有一款电脑产品遍布全球，它像烤面包机一样简单易用，它就是iPhone。苹果的第一款 iPhone 最具革命性，它把所有复杂难解的部分隐藏在屏幕之后，留在屏幕上的只有简单易懂的图标；而且，苹果公司似乎不费吹灰之力就做到了这一点。iPhone 没有任何可见的目录结构。比如，想听音乐时，用户不需要从手机某个角落里把它翻出来，只要点一下音乐播放器图标就够了。

过于复杂的管理系统可能是致命的

成功的创新律令往往采用简单的系统，这些简单系统带来的是非同一般的企业价值。它不仅包括研发系统和生产系统，还包括**管理系统**。

很多企业做不到简单二字，它们往往纠缠在繁杂的、官僚主义的系统里，越挣越紧，难解难分。这些复杂的系统实际上是**扼杀创新**的。

谈到官僚主义扼杀创新，最典型的例子莫过于 21 世纪初的通用汽车点火开关丑闻，它带来的是灾难性的后果。事件最后的结局是：通用汽车从全球召回了将近 3000 万辆汽车，还要为因此导致的 124 起死亡提供赔偿。

召回之前的至少十年，通用汽车早已对点火开关故障心知肚明。问题的核心是点火开关的意外关闭。开关的一个组件叫作"开关制动栓塞"，它的设计目的是提供足够大的机械阻力，防止开关的意外转动。而通用汽车的开关制动柱塞质量不过关。

从 2005 年开始，调查人员挖掘出了一系列与此有关的电子邮件。邮件显示，通用汽车的管理者算过一笔账，这一关键点火开关部件的更换费用大约是每辆车 90 美分，但因此节约的保修费用只有 10～15 美分。因此，补救方案一次又一次遭到了拒绝，淹没在通用汽车深如大海的官僚文牍当中。直到 2006 年，这一情况才开始有所改观。然而，此前生产的几百万辆汽车依然没有被召回。

请记住一点，创新并**不是**狭义上的没人见过的新发明。这太过狭隘了。

创新还包括**发现和解决问题**。也就是说，**改变现状，为产品和服务增加价值**，这也是创新。

创新的四大障碍及其解决办法

系统可能有益，也可能成为障碍。我们可以把系统写进企业手册里，就像 7-11 便利店包罗万象的系统那样；也可以把系统融入企业文化里，让它成为文化的一部分。后一种情况最常见的表现形式是组织知识，或者用大家更熟悉的语言来说，"我们就是这么干的"。

如果"我们就是这么干的"有利于创新，那很好。

如果它代表的是墨守成规、一成不变，那就不好了。

创新系统要有能力收纳新创意的火花，把它培养成能量的源泉。组织创新之所以这么难，至少有以下四点原因。但是，难度高不代表无解。所谓一把钥匙开一把锁，再难的问题都是有办法解决的。

1. 过去的成绩

问题：假如你推出了一款产品，获得了成功，那么，你相当于为自己设定了一道门槛，未来的工作只要达到了这个门槛，就算是成功了。这会带来一种"缝缝补补又三年"的心态。组织知道是什么帮助自己取得了曾经的成功，并且通过制度把它固定下来，把它变成了公司内部的法律。这带来的是经营方式的固化，锁定了现在和未来对成功的定义。

办法：修补一项成功产品的难度很高，这是可以理解的。这也是为什么领先的创新者，如 3M，会把来自**新**产品的营业收入定为经营指标的原因。我们可以从很多创新型厂商身上看到，大规模创新往往发生在生产**过程**当中，这是消费者看不见的。以丰田为例，丰田汽车的外观每年不会有太大的改变，而引擎盖下的提升从未停止过。近年来的每家汽车厂商都不例外。

你有一项成功的产品，深受人们的喜爱，你会非常注意保持市场份额和品牌的吸引力。与此同时，请别忘了，仍有大量的、深入幕后的工作值得去创新。

2. 满足现有客户

问题：大家都知道，获得新客户的成本远远高于维持现有客户的成本。企业非常了解现有客户的需求，能够很方便地满足这些需求。

对创业者来说，每一位消费者都是潜在客户。创业者没有基础设施或者产品组合需要维护或支持。它们没有任何包袱。对年深日久的老牌企业来说，它们已经实现了销售的成功，完成了产品组合的建设，因此，这些企业倾向于维持现有的客户基础，而不是通过创新为新的客户带来新的解决方案。

办法：创新型组织都明白，客户的趣味就像小孩子的脸，说变就变，而且常常变得很夸张！以软饮市场为例。人们一定以为，可口可乐拥有数十年的客户忠诚度，一定是个雷打不动的金字招牌，错了！在过去的20多年里，客户越来越多地追求更加健康的饮料，这造成了可口可乐招牌软饮销量的一路下滑。可口可乐北美区高管桑迪·道格拉斯告诉行业刊物《饮料文摘》(*Beverage Digest*)，可口可乐正在主战场上"按照消费者的步调"采取行动。可口可乐需要更新换代的不仅是商业模式，还有对于成功的衡量标准。消费者观念的转变刺激着这家饮料巨头，迫使它对核心成功的衡量标准做出重新思考。道格拉斯指出："我们要衡量的是，什么样的消费者愿意购买我们的饮料，而不再是人们喝了多少加仑的可乐。如果我们跟得上消费者的脚步，日子应该过得还不错。"

3. 资源配置和项目优先级

问题：每家企业的资金、时间和资源都是有限的。企业里的创新者常常要为争夺有限的资源而战，因为大多数的资源和资金要用来支持现有产品，它们也被称为"现金牛"。此外，高层管理者常常无法在多个创新项目之间做出取舍。这会带来三心二意的计划和零敲碎打的创新。要么效率奇低，要么注定失败。

办法：这时需要领导者站出来，为组织树立正确的文化。不要以为自己的产品或者服务能保持 5 年甚至 10 年不变，这种想法傻透了。企业领导者应该比谁都清楚，想在不可避免的变革大潮中屹立不倒，唯一的选择就是创新。新创意才是企业的生命线，它值得投入，值得领导者亲手为之配置资金。领导者要有前瞻力，要坚决果断地采取行动。不要被动地应对变革，要主动地利用变革。

有些行业，如制药行业和娱乐业，非常清楚自己的产品注定会慢慢失去价值，无论是专利药物、电影还是流行歌曲，不断创造新产品是唯一的出路，它们明白，**要么创新，要么完蛋**。这真是一种令人解脱的感觉[①]！

4. 固执的领导和员工

问题：有些人特别死板，不撞南墙不回头！领导和员工概莫能外。可能因为畏惧失败，或者单纯为了逃避改变，他们拒绝改变习以为常的工作方式。他们拘泥于现有形式，视创新为畏途，把创新看作冲破舒适常规的洪水猛兽。

办法：**真正的痛苦是什么**？是因为跟不上变革的脚步而破产。这才是真正令人痛彻心扉的。要知道，无论在什么市场上，变革是必然的，是势不可当的。

---

① 《令人解脱的感觉》（*A Liberating Feeling*），歌曲名，演唱者是吉尔·塔勒米（Gil Talmi）。

为了建立强有力的创新律令，领导者要主动和利益相关者建立联系。员工要充分领会创新的意义以及如何在组织里管理创新。这些联系和信息一旦出现断层，员工就会变得焦虑，流言蜚语就会开始传播。领导者要坚决清除灰色地带，确保组织里没有以讹传讹的现象。

召开团队会议，简单明了地说明当前正在发生什么。如果公司很大，可以培训中层干部来完成此事。领导者要第一个发言，你可以把它想象成面对未来投资者的宣讲会。毕竟，员工要在创新工作中投入自己的时间、精力，甚至是希望。要把话说清楚，为什么创新如此重要？为什么创新如此令人兴奋？不敢用创新思维考虑问题的员工是不会这样做的。因为传统的员工培训和员工发展项目很少包括对创意的支持，也不鼓励另辟蹊径地思考问题。想把公司变成真正的创新企业，就要营造新环境，帮助高级管理人员把创新思维方式教给员工。想营造有利于创意的环境，就要多鼓励新想法、冒险的想法，帮助它们发出自己的声音。

要让创新操作系统和组织其他系统没什么两样。恰当地提供资金支持，教育利益相关者，把创新变得简单明了。树立够得着的目标，既要嘉奖成功，又要嘉许失败。要让创新的星星之火照亮公司的每个角落，强劲有力的成果必将出现在你面前。

行动、制造、影响：创新生态系统

电脑需要框架和外壳，创新操作系统同样需要宽泛的、总括式的结构。它需要一种简单的框架，给予它形状，让它更容易地做到概念化。简单画个图，就能把它说清楚。

它就是创新生态系统。

创新要素

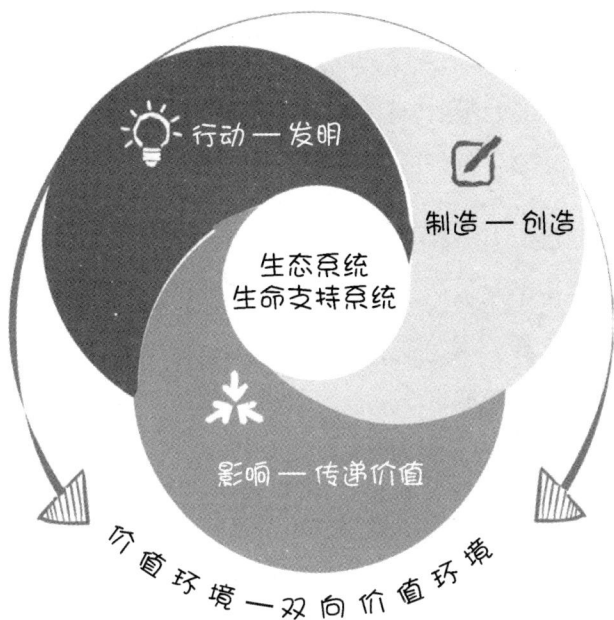

为了支持可持续发展的成功创新，组织需要一个兼容并蓄的创新生态系统，还需要流程、工具、赋能技术、文化、人力，以及能为成功的创新提供生命支持系统的所有其他要素。创新型组织都具有健全彻底的创新生态系统，它能提供必不可少的营养和文化，驱动发展可持续的企业创新。

如果没有适当的生态系统作支撑，就不可能开展创新；如果没有适宜的基础设施，就不可能形成影响。生态系统包括两对重要的双向关系：外部客户和组织之间的关系，组织的外部创新者之间的关系，后者是通过价值环境的形式表现出来的。

价值环境不仅是我们为之服务的市场，还包括外部创新者及合作伙伴，二者通过高度双向性的方式与我们发生联系。换句话说，创新很像一条双向街道。全世界最优秀的组织都是与外部合作伙伴、客户、创新者，甚至是竞争对手协作的，目的是找到新的方法，创造有意义的企业价值和客户价值。

创新生态系统由 3 个阶段组成，3 个阶段同等重要。

行动

创新行动受外部力量的驱使，如客户和市场的洞察力以及业务目标等。凡是创造或者发现潜在创新的做法都属于创新行动。

创新行动开始于小小的创意火花，经过完善，去粗取精，它能为组织、组织的愿景和客户带来价值。能够产生创新的活动有很多，范围也很广，包括设计思维、构思、偶发性创新、有计划的创新、新产品开发流程、黑客竞赛、基于游戏机制的创思活动、社会化创新、众包等，数不胜数。

一项创新是否具有达成目标的潜力，也就是说，它有没有可能满足某项需求、解决某个问题或是带来某种机会，这是由你来判断的。一旦确定了这些需求、问题或者机会，就可以借助发明的力量，走近创新，创造真正的价值。

创新的流程应该尽可能地完备，同时要不断寻求新方法，增加多层次的价值和动态价值。

多层次价值也叫价值叠加，它是为一项创新增加更多价值的过程。在理想状态下，这一过程不会产生额外成本或者额外的复杂性。请记住，市场永远在以最低成本追求最高价值。

动态价值指的是不断地、切实地把产品、技术或者解决方案变得更好的一种价值。你的 iPhone 今天的价值很有可能高于上个星期的价值。为什么？因为苹果公司拥有一个庞大的外部开发者社区。在收入的激励下，社区参与者不断开发各种新的 App，这让用户的生活变得更美好。同时，它的成本是极低的，很多情况下甚至没有成本。

行动阶段包括创新火花的形成和创新管道的快速筛选过程，在这个阶段，组织会遴选各种创意，确定它们是否符合标准，能否被接受。比如，某汽车企业得到了一个很好的关于摩托车的创意，但是，由于它并不具备足够的市场专业知识和分销渠道，无法与这个创意形成匹配。创新管道的起点总是充满毫无方向的火花，接下来的评估和优化阶段就好多了。

制造

制造阶段包括与创新建立或实施有关的所有内容。这是一个把创新转变为真正价值的过程。对组织及其服务的客户有用的价值才是真正的价值。

制造阶段的第一项流程是设计概念、投入开发。通过这个阶段，人们会深化认识，验证创意的商业案例。即使创意不是华而不实的花拳绣腿，依然需要继续论证下去，确定它能否实现预定目标。

假设我们要为南美洲服务匮乏的群众开发一种净水方式。服务匮乏的人群就是潜在的客户群体，我们不仅要有能力做出创新，还要有能力完成创新产品的分销和送货。制造阶段和发明阶段一样，都需要不断地论证最初的价值定位。在新产品的制造阶段，我们要检查各方面的工作，包括最佳生产方式、原材料、包装、销货成本、财务分析、调查、来自客户的焦点数据，以及确保创意拥有与之匹配的商业案例的所有必要因素，这样才能达到创意的最大优化。

新产品的创新要在外部市场上发展繁荣，那里有需要它的客户，但也有激烈的竞争。很多可行的创意最后以失败收场，原因就在于它们还没"回锅"就投放市场了。切记，在投入"影响"阶段之前，一定要先完成创新的优化工作。

创新的可行性评估不应该由创新者本人进行，因为其可能做不到应有的客观。这个阶段可以采用传统的新产品开发方式，其中最常见的就是阶段关卡模式。我们推荐的方式是机会管道。这种线性流程的思路能帮助人们完成创意的评估、商业案例的论证，同时，还要通过动态创新和多层次/叠加式创新不断提升设计。

影响

影响是指你如何有效地将创新推向市场并创造可持续的价值。举例来说，假如你创造了一种能够提高组装线效率的新流程，那你就要想清楚，应该怎样通过这个流程创意来提高客户价值或者降低客户为该产品支付的价格。这个道理同样适用于所有产品、技术、营销创新和其他类型的创意。如果不能为组织或客户带来积极的影响，就称不上创新。

创新的生命支持体系也是在这个阶段建立起来的。这是一个非常重要的阶段，因为有些最优秀的创新并不是新发明，而是创新性的商业模式或者交付机制。比如，优步并没有重新发明汽车，只是创造了一种新的有偿乘车模式，把车主和需要乘车的人连接起来。同样地，奈飞并没有重新发明互联网，而是创造了一种新方式，运用数字连通的方法完成内容产品的交付。

任何一种产品的创新都是为了带给客户好的影响。凡是涉及把创新投入市场的因素都是成功的关键，如市场方略、渠道策略、分销运营、参与策略等。给创新一次立功的机会，为它制订一套详尽的、涵盖所有必要方面的影响计划，在市场大颠覆的时代完成出人意料的创新。

在这个市场大面积颠覆的时代，创新非要做到高度差异化不可，同时还要具备有层次的动态价值。在推出创新之前，一定要深入地掌握市场和客户对这一创新的感知和认识。通过更好的渠道、分销、包装和附加创新，实现创新的进一步优化。

要实事求是地看待市场预测和客户的认可！

全球最大的护理行业黑客竞赛的教训

有的企业把黑客竞赛当作噱头，而有的企业真的把它变成了创新操作系统的一部分。后者包括脸书、孩之宝、联合利华、贝宝和美国护士协会（American Nursing Association，ANA）等。因为这些组织专注于对创新的投入，所以，它们的黑客竞赛行之有效。而且，黑客竞赛只是它们创新百宝囊中的一件法宝。

美国护士协会的会员服务有口皆碑，协会帮助会员发挥各种技能组合和行业洞察力的作用，积极影响她们的工作方式，为患者提供安全有效的护理服务。美国护士协会始终积极促进创新，一个很好的例子就是2018年3月在美国佛罗里达州奥兰多市举办了全球最大的护理行业黑客竞赛。

800多名护士出席了这次活动。她们发挥创新思维，开发新方法，主要涉及安全的患者处置和患者活动、预防以护士为目标的暴力事件、加强道德韧性和品德操守、帮助医护工作者免于针头或其他利器的伤害等。在活动的一开始，护士们分成小组，提出创意。接下来是一轮又一轮的投票。留在名单上的方案越来越少，直到获奖方案的最终胜出。

纵观历史，医院和诊所里的创新通常只能出现在角落里最不起眼的那间小屋子里。所以，美国护士协会的这次黑客竞赛显得弥足珍贵、非同小可。协会发现，护士们每天都会接触各种问题和机会，她们获得的是未经过滤的第一手资料。无论是从短期还是从长期来看，她们都是与患者距离最近的人（换成其他行业，她们不是患者，而是客户）。由于长期的一线工作经验，一提到怎样让护士、医生、患者和医院的工作开展得更好，职业护士往往比任何人的点子都多。

这次黑客竞赛涌现了很多漂亮的创新，这些了不起的护士释放了岗位特有的创新能量。她们解决了各种问题，还发现了许多新机会。佛罗里达医院创新实验室联合创始人凯伦·提尔斯特拉博士指出："我们要对自己的创造力充满信心。创新需要勇气，因为它永远是大踏步迈入未知领域的。话说回来，人们用不着等到万事俱备，把什么都搞明白之后，才开始寻找解决办法。"这家创新实验室非常成功，护士们在这里提出自己遇到的挑战，共同寻求创新型解决方案。

根据美国护士协会的报道，下面是奥兰多黑客竞赛众多创新的几个例子。

- 用来放松的虚拟现实房间，护士们可以从护士站来到这里，稍事休息。
- 制作一款 App，随时帮助护士举报暴力事件，追踪 24 小时以内的同类事件总数。
- 防割手套，保护护士不被针头或者别的利器划伤。

哪一个创新是震撼性或者颠覆性的？或许没有。

当这些循序渐进的创新（以及其他创新）日积月累，不断地应用到日常工作中时，能不能为组织带来巨大改变，更好地为客户传递价值、提高利润？

当然能！

向人们敞开大门，拥抱最好的、可行的、足以驱动创新的新看法和新想法：这次黑客竞赛为我们树立了一个绝佳的典范。我们看到，类似的做法变得越来越多了，因为越来越多的组织认识到，协作型组织建造了简单而强大的创新管道。它们一马当先，不断地引领市场进步，不断地满足客户所需，不断地推出更多新的创新。

行动起来！

1. 筹划创新操作系统

创新律令始于目标，能让企业在市场上取得战略优势的目标。因此，在计划阶段，应该对创新如何为战略意图增加价值这一问题做出具体的考量。重点是能够发挥创新的最大潜力，带来战略优势的那些领域。在管理良好的创新中，洞察力来自精心搭建和管理的流程和行动，而不是"妙手偶得之"，更不是撞大运。

2. 保持简单！

复杂会产生两个结果。一个结果是让人泄气，尤其是那些偶尔敏感的人们。他们发现，想把一项创意推向前进，要么被迫玩弄政治手腕，要么在狂乱的环境中杀出一条血路。他们通常会选择放弃。另一个结果是，它甚至把按部就班的渐进式发展变得难上加难。

3. 自上而下地接触利益相关者

创新是靠组织里的人驱动的，因此，他们必须百分之百地投入。说到底，创新律令无非是信任和认识两个问题。利益相关者要相信自己的努力不会被忽视，失败是在所难免的；并且要认识到，创新和别的工作没什么两样，要放松地、自然地开展工作。

4. 定位带来创新的成功

要像可口可乐那样，跟着市场的指挥棒行动。要赋予员工足够的决定权，在团队里、岗位上大展拳脚。从最高目标来说，要帮助员工把自身利益和集体利益统一起来。要允许团队成员加入新的团队，把自身利益和公司利益统一起来。多吸纳一些跳出条框想问题的人，他们能为复杂问题提出独到的解决办法。

5. 应用"行动、制作、影响"框架

这是一个宽泛的支持结构，它的作用是支持创新律令。要确保它是健全的、持久的，要确保组织对它毫无保留地投入。

第八章
Chapter 8

创新操作系统

我们使用"创新操作系统"这个术语是有原因的。

创新操作系统和电脑操作系统非常相似。电脑操作系统是由硬盘驱动器上的一整套程序组成的，用来帮助电脑硬件之间相互通信和电脑软件的运行。操作系统管理着电脑的硬件设备，包括处理器、内存、硬盘存储器、键盘、鼠标、显示器、USB 总线和网络适配器等。一旦离开了电脑操作系统，电脑和软件程序将会变得毫无用处。一套好的电脑操作系统，其工作是不可见的、高效的、有利的。电脑操作系统经久耐用，只需定期完成预期的升级，就可以一直发挥最佳的性能。

最著名的电脑操作系统包括 Windows、Linux、安卓和 Mac 操作系统等。

除了运行机器，电脑操作系统还可以通过一系列软件包得到增强。这些特制的软件包是为了完成具体任务而设计的，包括文字处理、表格制作和演示软件等。最有代表性的例子包括微软的 Office 办公软件、谷歌的 Chrome 浏览器和 Adobe 的 Photoshop 图形处理软件等。

以上提到的都是大批量生产的商业解决方案，它们是经过实践检验的、行之有效的。

但是，你的电脑是独一无二的。因此，现成的软件系统并不能满足你的全部需求。你需要一种能够满足个性需求的解决方案。

同样的道理，很多组织也需要定制软件系统提供商来满足自身需求，这样的提供商有很多，如 Intellectsoft、MojoTech、DataArt 和 FrogSlayer等。它们的最终产品是混合式系统，这种系统的基础架构是通用的，而建立在基础架构之上的各项功能是为用户量身打造的。

创新操作系统也是一样。它也有一个基础架构，这个架构和同级别的其他企业大同小异。与此同时，在基础架构之上，是专属于单一组织的各项定制功能。

我们称之为结构型定制化。创新项目成功的关键在于按计划行事，计划能保证企业避开创新的常见错误和陷阱。与此同时，还要做到项目的个性化，使之匹配企业独有的、特定的目标、需求、机会和文化。

六步打造创新操作系统程序代码

操作系统都是用代码建造而成的。基本上，程序代码属于一种规则，它是操作系统对机器的控制方式。代码是通过创作平台或者特定语言书写而来的。

为了不让这个比喻走火入魔，把读者带入程序语言的复杂世界里，我把创新操作系统代码比作积木块。这些积木块能造出有效的创新基础设施，为组织带来真正的成果。

可能你会发现，这些步骤中的一部分工作和建立创新任务的一部分工作是吻合的。这没关系，有些重叠也没关系。比如，这里的第一步是回答"为什么"这个问题。也许你已经搞清楚并且放入创新任务中去了。这太好了！这样就可以轻轻松松地进行下一个步骤了。

现在就开始。

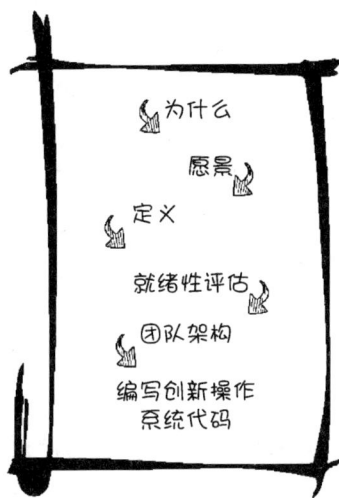

1.　为什么

如果你身边有孩子，你一定知道孩子们总喜欢问个"为什么"，无论你给出怎样的解答，换来的永远是更多的"为什么"。

"快回到屋子里去。"你说。

"为什么？"

"因为天在下雨。"

"为什么？"

"因为云层中的水汽达到了饱和，小水滴就落下来，变成了雨。"

"为什么？"

"因为冷空气托起的小水滴不如热空气那么多。"

"为什么？"

没完没了，你懂的。照这样说下去，准会说到盘古开天地。

这确实很好笑，它也生动地说明了"为什么"这个问题既十分**重要**又充满了**挑战性**。

说它很重要，是因为它直捣问题的核心，探究创新火花究竟对组织有多重要。说它充满挑战，是因为想要令人满意地回答这个问题，非要费一番思量不可。

"为什么"是个关键问题，它驱动着利益相关者的参与，为成功建立测量尺度，控制着在整个创新过程中锁定目标、找准方向的关键能力。问问自己，为什么创新对你的组织如此关键？你想通过创新办到什么？这两个问题是所有创新计划真正的原点。

从本质上来说，这两个问题多少有些棘手，不太容易回答。因此，很多高层管理者干脆直接跳过它，直接进入了创新计划的制订阶段。他们不肯先问问自己："为什么要创新？"这是典型的本末倒置。

如果你也对"为什么要创新"这个问题犯难，可以想一想伊迪丝·维德的这句话："探险是创新的引擎，而创新是经济增长的驱动力。"维德是美国海洋学家、海洋生物学家，美国海洋研究和保护协会的联合创始人、CEO 和资深科学家。

维德提到的是真正的探险，是钻进潜水艇，下到海底最深处，搜寻巨型乌贼的那种探险。你的探险也可以像维德一样，或者也可以是搜寻新的创意、新的流程或者新的解决方案的探险。

维德谈到的第二点和第一点同样重要，也就是"创新是经济增长的驱动力"。这句话和《论语》一样重要，可以把它打印成条幅，挂在墙上。

搜寻新创意的探险活动推动着创新的前进，创新又推动着经济的增长。对于任何组织而言，这一点都是绝对正确的，包括你的组织在内。

接下来，让我们回到"为什么要创新"这个问题上来。请问，**你的组织如何作答**？太多的"创新会议""圆桌会议"成了流于形式的空谈。尽管如此，如果抱着严肃认真的目的，把利益相关者召集起来，召开一次畅所欲言的讨论，一定能开个好头。要让大家打开话匣子，知无不言，言无不尽。要把创新变成人们热衷讨论的日常话题，就像讨论销售报告或者新产品发布计划那样。要揭去笼罩在创新脸上的神秘面纱，把创新变成组织日常生活的一部分。

顺便提一句，只问一个"为什么"是不够的。实际上，你可能需要问好几个"为什么"。下面是组织和员工拥抱创新的几点理由。当然，你一定能想到更多的理由！

（1）技术的进步一日千里，我们的产品必须与时俱进。

（2）客户完全可以选择我们的竞争对手。我们要保持在客户心中的首要地位，让他们选择我们，而不是选择别人。

（3）创新可以让产品的定价更高，帮我们赚更多的钱。

（4）我们要聘请最好的人才。而聪明的、奋进不止的人们一定不甘于整天无所事事，年复一年地做同样的工作。他们渴望挑战。

（5）我们都是人，都有与生俱来的喜爱冒险的天性。冒险带来创新，创新带来经济增长。

你想到了什么新理由？快说来听听。

2. 愿景

回答了"为什么要创新"这个问题，接下来的问题是创新愿景。愿景是要写出来的，就像组织愿景，或者聚焦于创新的愿景宣言一样。

为什么需要创新愿景？创新愿景有以下三大好处。

（1）参与。清晰的创新愿景能带给利益相关者共同的目标和风雨同舟的心理感受。这样一来，他们把时间浪费在无用事务上的可能性就大大降低了。他们会更加乐于直面那些伴随着创新征途的困难、挑战和变革。

（2）责任心。创新愿景指导着创新系统，创新系统管理着创新管道和它的各个项目。在愿景和系统就位的情况下，员工能在本职工作中获得更高的职权和更大的自由发挥空间。因为他们很清楚工作的目标和方向是什么，所以，组织可以放心地让员工自主开展工作，独立决定完成目标最适宜的方法。

（3）创造力。如果人们清楚地知道亟待解决的挑战是什么，他们会变得更有创造力，会更乐于贡献更多的想法。因为他们已经上了船了，所以，他们会更有动力想方设法地跨过或是绕开前方的种种阻碍。

2014 年，萨提亚·纳德拉就任微软公司的 CEO，此后的几个月，他写下了一段这样的话："走上新工作岗位那天，我曾说过，我们的行业只懂得崇拜创新，不懂得尊重传统。我还说过，想要加速创新，就必须重新认识自己的灵魂，它才是我们独一无二的核心。"

可能你会认为，纳德拉只会关心全局性的、形而上的事情，实际不然。在后来的一篇备忘录里，他写下了非常接地气的宣言："我们的任务是帮助人们把事做成，如学期论文、菜谱或者预算；和远隔重洋的家人或者朋友聊聊天；绘画、写诗或者抒发自己的见解；运营一支 F1 车队或者管理整座城市；插上想象力的翅膀，制作一款游戏，让它成为真实世界的一部分；为研制艾滋病疫苗做出贡献；帮助沉默的大多数人发出心底的呐喊。"

最好的创新操作系统与战略规划很类似，它会把创新愿景置于最高的位置。这一点极为重要，因为愿景既是智识性的表达又是情绪性的抒发，它应该是方便传播和沟通的。因此，一定要对愿景陈述的表达字斟句酌、深思熟虑，它是我们与内部客户和外部客户沟通的基础。不要一个人闭门造车地撰写创新愿景，要让利益相关者都参与进来，拿出他们的看法，要让整个过程开放透明。最好多写几稿，把写得不满意的统统撕掉，写到满意为止。这和回答"为什么"时的做法非常相似。

创新愿景要充满力量和变革性，要赢得所有利益相关者的充分支持。创新愿景一定要由领导主抓。通用电气原 CEO 杰克·韦尔奇说过："好的领导会树立愿景，阐明愿景，充满热情地勇挑重担，不知疲倦地推动并最终实现这一愿景。"

切记一点，愿景陈述和任务描述是不一样的。任务描述说的是企业**现在**要做什么，而愿景陈述说的是企业**未来**要成为什么。它还勾画了企业想要参与建设一个怎样的未来社会。

话虽如此，仍然有许多企业混淆了二者之间的区别。无论叫它什么，最重要的是把它**建立起来，让大家知道**。

下面是一些创新愿景的例子，我为它们标出了重点。

我们的愿景

"把灵感和创新带给全世界每一位运动者（每一个拥有身体的人）。"
——耐克公司

"我们的愿景是，始终秉承物美价廉的品牌承诺，为客户带来更多的价值、持续不断的创新和超出预期的客户体验，让塔吉特成为客户偏爱有加的购物选择。"——塔吉特

"我们坚信，我们的存在是为了做出卓越的产品，这一点永远不会改变。我们不断专注于创新。我们信奉的不是复杂，而是简单……我们对团队之间的深度协作和异花授粉式的混搭合作的力量深信不疑，它会帮助我们以别人无法做到的方式完成创新。"——苹果电脑

"数字货币建立了一个开放的金融体系，它势必为全世界带来更多的创新、效率和平等的机会。"——比特币企业 Coinbase

"飞利浦致力于通过创新把世界变得更健康、更可持续发展。我们的目标是，2025 年以前，每年改善 3 亿人的生活水平。我们通过技术驱动的、有意义的创新来提高人们的生活质量。"——飞利浦研究院

"为全世界的女人和男人提供最好的化妆品创新，包括质量、效率和安全性在内的、全方位的创新。"——欧莱雅

"通过品牌组合实现内容、服务和消费者产品等各方面的差异化，开发全世界最具创意、创新性和盈利性的娱乐体验和相关产品。"——迪士尼集团

"成为全世界最具**创新性**的企业。"——3M 公司

创新是无从预测的。愿景不宜过于具体，那样容易作茧自缚，困住自己的手脚，错失良机。在描述愿景时，组织应该敢想敢说、勇猛精进。描述创新任务时同样应该如此。

虽说大多数创新愿景都是在流程之初确立的，实际上，它可以在任何时间完成。构思一种愿景通常需要时间，完全可以先把工作做起来，一边完成具体工作，一边继续完成愿景的构思和表述。每过几年，就要回头审视一下组织的愿景和创意的表述，确保它们依然准确，仍然能够描述我们想要的目标。外部环境常变常新，组织重写或者修改愿景描述的情况并不少见。

3. 定义

确定了为什么建立创新律令，为工作成果或者期望建设世界的模样建立了愿景，接下来可以开始定义阶段了。主要定义什么是创新，创新如何帮助组织达成目标。定义务求简明易懂、与组织关系密切，同时，最重要的是可测量、做得到。

差距分析在这里可以发挥巨大的作用。

差距分析是实际绩效与可能绩效或目标绩效之间的比较。它包括对业务需求与现有能力之间差异的确定、记录和改善。它是针对企业的现有表现和未来努力方向的正式研究。

请注意，还有一种大写的"差距分析"，它被用于为某种产品或解决方案满足目标需求的程度分级。在这种情况下，"差距"（GAP）一词的意义发生了变化，它一分为三，分别代表"好"（Good，G），"中"（Average，A）和"差"（Poor，P）。

在日常经营中，差距分析可以用来定义完成目标所需的工作。下面是一个简单的例子。

（1）定义现状：每月销量为 5000 台，净利润 100 万美元。

（2）定义目标：两年之内达到每月净利润 150 万美元。

（3）如何完成目标？

A. 削减费用，每月仍卖 5000 台，利润可达到 150 万美元。

B. 价格不变，每个月卖出 7500 台。

C. 推出创新款式，增加功能，提高单价。

D. 以上各项都对，合并使用。

（4）挑战。

A. 我们认定，现有的区域市场已经达到饱和，但公司还没有为进军新市场做好准备。

B. 工厂已经满负荷运转，两年之内无法扩充产能。

（5）策略：通过创新赋予产品更高的价值，客户将会为之支付更高的价格。通过这种方式弥合差距。

接下来，明确需要通过创新完成什么任务，树立恰当的、可能达到的目标。下面是几个例子。

- 强制规定新产品的收入在年收入中的比重，它通常被称为创新销售率。
- 查明每个月收到的员工建议总数。
- 测量个体创新项目的成功（从概念到客户的全过程测量），总体测量平台或者新业务拓展项目的成功。

● 计算创新管道风险调整后的净现值和投资回报率。下一章将讨论创新管道问题。

请记住，探索未知是创新与生俱来的天性，它势必带来一定程度的失败率。因此，对创新的整体性测量就变得极为重要。在对创新的衡量中，不要，也不应该孤立地测量某一项创新工作。切忌哪里**容易**量哪里，要做到哪里**重要**量哪里。也不要一次性衡量太多方面，以免造成顾此失彼的情况。

4. 就绪性评估

创新是由人完成的。说白了，创新过程就是取得见解和想法，再把它们转变为行动；至少到今天为止，机器人和电脑在这方面的表现还不如人类。因此，创新必须由人来完成，从事创新的人需要正心诚意，准备就绪。

先要完成评估，才能确定如何与利益相关者、合作伙伴、供应商和客户，甚至竞争对手，打成一片。获取他们的见解；再把这些见解转化为组织价值和客户价值。

差距分析不只与运营有关。它还有助于审视组织领导者和员工的准备就绪程度。

例如，2015 年，光辉国际研究院做过一次对比研究，对比的一方是普通物流企业的高管，另一方是来自"福布斯全球创新百强企业"的高管。研究的基本假定是，如果贯穿一家企业供应链的成功策略离不开创新，那么，物流行业的领导者一定拥有某种个人品质，足以支持创新火花越燃越高。

研究发现，相比于"福布斯全球创新百强企业"的同行们，来自普通物流企业的高管"普遍表现出较低的学习敏锐度和文化机敏度，而这两项指标恰恰是关于成功和担当最富有预测意义的特征，对高管人员来说尤其如此"。

学习敏锐度指的是从经验中学习，成功地在新环境中或者在熟悉的环境中第一次运用所学知识的意愿和能力。

文化机敏度指的是职业人士与来自不同文化背景的人群高效合作的能力。

这两项特质对可持续的创新非常重要。

光辉国际研究所的报告显示，在全部 11 项创新指标中，普通物流企业的领导者只有 1 项表现突出，那就是独立性。而"福布斯全球创新百强企业"的高管们有 7 项得了最高分 10 分，即文化机敏度、学习敏锐度、情商、自我、权力、挑战和独立性；在思想性上得了 9 分，这里的思想性包含了明确的创新要素。

总体而言，"福布斯全球创新百强企业"高管的表现比普通物流企业领导者领先了近 50%。

这没什么可大惊小怪的！

拥抱创新，一定是深思熟虑的结果，并且是持久不变的。

当然，面对创新时，也有人表现出霸道的热爱。例如，把员工休息室堆满乒乓球台、安装白板、每季度开一次黑客竞赛、宣布星期五可以穿便装等。只不过，这些统统不是保证创新就绪的正确方式。有些领导者偏偏喜欢抓住立竿见影的小把戏不放，告诉自己这就是准备好创新的样子。事实上，真正关键的创新要素一项都没到位。

首先要和管理者以及员工谈心，调查一下，他们能不能说出自己要为客户解决什么问题。他们用不着把现行方案重述一遍，也不用说"我们的产品太棒了"。那意味着他们考虑的只是眼前。只有当人们把注意力集中在**问题**上时，才说明他们考虑的是如何在未来拿出更好的解决方案。

只要团队为创新火花做好了准备，他们就会去捕捉这些火花，驾驭火花中蕴藏的巨大能量。

5. 团队架构

创新律令既要做到定义明确，又要做到灵活敏捷。

它既有强度，又有韧劲。

它既是孙悟空，一眼就认得出来，又会七十二变，不拘一格。

它必须是民主的，要融入组织各个层级的肌体当中；同时，它也离不开指导和监督，就像所有其他的运营职能一样。

虽说组织里每个人都应该参与创新，但也用不着每个人都成为创新总监。有很多情况与此类似，以质量管理为例。在一个组织里，人人都要支持和追求最高标准的质量管理工作，人人有责，个个争先。但这并不代表每个人都要成为质量管理总监。我们需要的是监督和评估创新项目的人，这和其他运营领域没什么两样。

大型组织可能需要多支创新团队。多数团队会指定一名领导者，专门负责流程的建立，包括头脑风暴和各种其他会议的沟通流程等，还要把会议产生的想法和方案向组织最高层领导汇报。

即便这些都没有，至少要有一位**创新先锋**。小型企业的创新先锋可以由 CEO 担任。大型组织可以有多个创新先锋。他们有权力在预算之内配置资源，确保创新管道始终是充盈的。

持续改进，重大突破……兼而得之？

创新通常有两种表现形式。

（1）持续改进。它来自日语里的"改进"一词。持续改进指的是像小河一样川流不息的微小创意，它们来自每个部门的每位一线员工。这些创意一旦得到落实，会为某一流程或者产品带来一点一滴的改进。**人力资源**是建立和维持这种创新方式的最大一项投入。要让人们知道，组织**期待**收到他们的意见，还要让人们明白**如何**完成这一任务。需要指定一个或者多个人，专门负责**收集**和处理这些意见。

黑客竞赛也是个不错的选择，但仅限于它作为创新长期战略出现时。如果仅仅是一次性事件，还不如不做，因为员工会觉得自己受到了利用。

（2）重大突破。结构化创新项目容易产生重大突破，这种项目有着极为明确的目标，如开发一种新型药物，治愈某种特定类型的疾病等。重大突破需要专项资金和专职团队，经常还需要场地和设备等资本性投入。企业当然需要获得投资回报，但是大可不必盯着每个具体项目要回报，应该追求创新全局工作的总体回报。

很多企业采用二者兼而有之的模式，既追求重大突破，也重视持续改进。

人是关键

无论创新工作的组织形式如何，它都离不开人。创新过程的每个环节都需要有人负责。

创新团队需要什么样的人？下面是几个关键特征。

- 创新先锋必不可少。他们拥有按下"开始"按钮的职权。这绝对是最关键的一步。如果一项新创意推而不动，促而不成，团队成员很快就会意识到：自己就是个摆设。

- 组建创新团队时，一定要招募一群善于思考的人，发挥他们的能力，为创新的评价和发展工作带来真正的价值。这一点特别重要。我们需要各个相关领域的行家里手，如营销、设计、生产、人力资源和财务等。

- 最不需要的是阿谀奉承之辈。实际上，你真正需要的人可能有些刺头，因为各个领域的创新为他们带来了极为宽广的视野和广博的见识。创新团队里一定要有资深人士，他们对核心业务有着深厚的经验积累，但也许不愿意寻找新机会；还要有年轻一些的创意人才，他们天生喜欢提出无法实现的疯狂想法。要想方设法地让他们合作起来，发现创新火花，充分发挥创新火花的力量。

- 团队成员应该是结果导向的、行动迅速的、聪明的、甘冒重大风险的，最后这一点也许是最重要的。没人需要朝九晚五、优哉游哉的闲散人员。

一支高效的项目团队应该由来自各个部门的人们组成。以开发新产品的项目为例，它至少需要研发、设计、制造、市场营销、销售和财务部门代表加入。

编写创新操作系统代码

我们已经找到了创新的**原因**，树立了想要实现的**目标**，建立了一支实现目标的**团队**。接下来要制订计划，也就是说，要开始编写操作代码了。

下面是一个成功的操作系统结构示例，以供参考。

1. 建立分工明确的团队和/或组织流程

大到整个组织，小到一支项目团队，想要人人参与创新、按照同一个原则行事，就离不开清晰明确的流程。要为它搭建领导班子、明确成员分工、为成员间的合作建立标准和规范，还要树立总体目标和各项子目标。

总之，给予项目团队和组织的明确性和授权越多越好。

2. 划拨充足的资源

创新需要资源，组织里所有的功能单位都是如此，如人力资源部门、运营部门、财务部门、合规部门、物流部门、市场部门等。创新最不可或缺的资源是**时间**，可能需要的资源有**场地**、**设备**和**信息**等。

不要让创新变成弃儿。因为多数创新团队的成员并不是专职负责一个创新项目的，他们平时还要承担来自其他岗位的工作压力。可能出现分身乏术的情况。这就要发挥创新先锋的特殊作用——他们要为员工找来金牌令箭。让他们奉旨创新，放开手脚抓机会、探索未知的新创意。

3. 鼓励失败、拥抱失败

创新和失败始终是结伴而行的。要让大家都清楚这一点。

这里提到的失败，指的是团队经过诚实的努力，尝试新的想法，未能取得成功，但获得了宝贵的业务经验。要让员工相信组织可以接纳失败，就要营造一种"心理安全"的环境。"心理安全"一词是哈佛商学院艾米·埃德蒙森教授创造的。它指的是一种工作环境，在其中工作的人们不会因为好心办错事而自责，更不用担心受到惩罚。相反，如果有一种环境，其中工作的人们整天战战兢兢，如履薄冰，万一犯了什么错误，忙不迭地掩盖。

它一定不是我们想要的。

应该把失败写进预算，让它成为预算的一部分。一家公司，只要它不是因为突破性产品而存在的，就永远不应该完全依赖单一产品的成败，这样做的风险太大了。

4. 确保员工参与

在通过团队或项目追求创新时，领导者要确保每个人都能理解和支持组织对创新的投入，确保创新团队得到成功必不可少的合作。

大型组织没有必要让每位员工都参与到决策过程中，当然，也没人指望这样做。尽管如此，创新者把自身的工作变得越公开透明，利益相关者就会越乐于提供帮助，也越乐于采用这些新的业务、流程或者工具。

想让每个人欢迎创新，乐见其成，最好的办法莫过于个人谈话。领导者应该更多地展示创新的愿景、接受提问、了解组织上下对渐进式创新的愿望和对重大风险的承受能力。

　　在大张旗鼓地启动创新工作之前，创新团队的成员们应该多和同事开开会，多和创新先锋谈谈心，更好地理解组织面临的问题，更多地发现前进路上可能遭遇反对的关键点。

　　创新是由一系列具体的、可界定的行动组成的。不是只有天赋异禀的人才可以创新。归根结底，创新是由一系列可以学会的行为组成的，所以，每个人都能创新。当然，前提是组织要把创新当成一项优先工作来抓。

合作创新：Linux 操作系统的故事

　　提到操作系统，这里介绍一项全球最具创新性的电脑操作系统，它是开放式合作的产物。1991 年，一位名叫林纳斯·托瓦兹的芬兰学生想要建立一套新的免费操作系统内核，他为此发起了一个私人项目。一开始，托瓦兹为它取名叫 Freax，还为此贴出一张公告，其中的一段是："我很想知道人们最想要哪些功能，欢迎提出意见，但我不能保证一定兑现。"

　　按照 Linux 项目最初的管理结构，所有代码都要通过托瓦兹的审核。在项目规模相对较小时，这样的结构勉强行得通。随着 Linux 的需求越来越大，系统内核变得越来越复杂，这种管理结构很快就寸步难行了。

　　很快，这个项目发展出多个子系统，每个子系统都有一位维护员，负责监督内核的一个特定单位，如网络连接或者文件系统。每个子系统内部又分出若干位子系统的维护员，负责监督更加具体的组件。Linux 项目的逻辑扩展反映出，去中心化的方法能发挥很好的作用。

　　Linux 是最负盛名的免费开源软件协同案例。只要遵守相关的许可，如 GUN 通用公共许可等，任何人都可以使用、修改或者分发该系统的基础代码，无论是出于商业目的还是出于非商业目的。

今天的 Linux 基金会仍然以创新为己任。该基金会称:"Linux 基金会利用自身的经验和专业知识,支持 Linux 社区建立、发展和维系最关键的开源技术。如今,这项工作已经远远超出 Linux 的范畴,它孕育了软件栈各个层面的创新。"

行动起来！

六步打造创新操作系统：

1. 为什么

它是指南针，始终对准目标的方向。

先搞清楚创新为什么对组织有益，再开始行动不迟。

2. 愿景

要"看清"目标创新的模样。不是最终的创新本身，而是你想通过创新解决什么样的问题、为组织带来怎样的变化。

3. 定义

要追求哪一类型的创新？是渐进式创新，突破式创新，还是二者兼而有之？切记，客户不一定能直接感受到创新。例如，物流系统或者人力资源的创新，客户通常不会直接感受到。

4. 就绪性评估

创新由人创造，听人指挥。领导者和员工一定要为创新做好充分的准备，乐于拥抱各种形式的创新。

5. 团队架构

是通过专职团队或者专门项目完成创新，还是由每位员工集思广益来创新？要从实际需求出发，多发挥创新先锋的作用，给予他们充足的权力。

6. 编写代码

要为创新项目搭好结构，清晰地界定每个流程和步骤。要兼顾结构化和灵活性，确保得到每一位利益相关者的认同。

第九章
Chapter 1

创新管道

谈到创新，领导者问得最多的问题是："创新火花在哪里？"

他们接下来会问："如何管理创新火花，并从中受益？"

两个问题，一个答案：创新管道。

企业人士对管道并不陌生，试举 3 个例子。

（1）产品管道主要管理新产品开发和市场营销工作。关于产品管道，最明显的例子来自制药行业。制药企业不断地为市场开发新药。从开发到销售的整个过程中，每个步骤都是清晰界定的。其他行业里也能找到运行良好的产品管道，如消费电子、航空航天、汽车和娱乐业等。实际上，无论什么行业，只要它的产品具有生命周期，只要它需要开发新产品来替代旧产品，只要它需要不断地为现有产品线增加新产品，就离不开产品管道。

（2）领导力管道是多数大规模组织的标配。对任何一家企业来说，领导者的招聘、培训、委任和考核都是保证企业长期成功的必要过程。优质的领导力管道管理着从新员工到资深员工每一阶段的领导机会，它为组织内每位立志走上领导岗位的员工提供了详细的路线图。

（3）销售管道主要负责追踪和管理客户体验的生命周期，它覆盖了从初次互动到交易完成的全过程。其中的关键步骤包括搜集新的销售线索，评估潜在客户形成销售的有效线索，验证线索发展成为销售的机会，标记出成交、暂停或流失等状态。销售管道还管理着既有客户，在他们身上发现向上销售的机会。

销售管道的预期成果主要通过以下 4 项指标来衡量。

（1）管道中潜在客户的数量或者可能实现的销售订单数量。

（2）管道中所有销售订单的平均规模。

（3）平均成交率，或者已完成销售订单的平均百分率。

（4）销售速度，指实现销售的平均用时。这个指标非常重要，在所有其他因素相同的情况下，每天完成 10 笔销售明显好于每天完成 1 笔。

由此可见，商务人士一定明白管道的重要意义！创新管道也不例外。它同样具有目标和结构，同样拥有多种有效性测量指标。我们要做的就是把关于业务管道的已有知识调用到创新管道上。

创新火花来自哪里

先回到第一个问题："创新火花来自哪里？"

第一章已经讨论过这个问题。创新可能出现在各种场合，多种情况下，主要包括以下几种。

（1）实验室。很多企业为创新制订了精细的计划，这些公司创新的主要表现形式是针对某一具体的已知问题研究解决办法。这一点在制药企业里体现得尤其明显。每上市一款新药，制药企业都需要投入庞大的资金和时间。

尽管如此，有计划的创新并不限于昂贵的研发项目。丰田公司的创意与建议系统就属于另一种类型的有计划创新。它让即兴创意的发生率变得可以预测，与此同时，在提交之前，每项新创新的具体内容是为人所不知的。这种方式的总体创新流是完全依照计划运转的，并且早已在丰田的日常运营中实现了正规化。

（2）出乎意料。有时也会出现计划之外的突破和预测不到的新创意。在我们熟悉的行业里有很多这样的例子，它们中的大多数早已传为佳话。不期而遇的创新可能出现在任何地方，比如音乐剧剧院。剧院是个什么地方？对经营者来说，剧院是个创新不多、风险不小的所在。林-曼努尔·米兰达是一位词曲作家和演员，他把嘻哈音乐的节奏和态度融入了本来枯燥沉闷的亚历山大·汉密尔顿史传当中，创作了一部令人着迷的混搭作品：音乐剧《汉密尔顿》。这部音乐剧大获成功，场场爆满，一票难求，年收入高达一亿美元。截至今日，凭借首演前 1 250 万美元的投资，这部音乐剧的投资人已经获得了大约 600% 的投资回报，堪称史无前例！

嘻哈音乐和开国元勋——真亏他想得出来！

（3）合作伙伴。越来越多的企业选择与利益相关者共同开发新产品和新服务。

无论是客户、供应商还是最终用户，利益相关者往往拥有丰富的技能和知识，在创新开发中发挥了重要作用。

有些组织和来自其他市场的品牌共同创造，为各自的业务和客户带来了新的机会。成功的品牌合作的基础是合作双方都能从对方的已有市场上获利，或者能借助合作填补某种市场空白。

很多组织建立了创新场地，他们和客户、用户在这些场地里投入了大量的时间，极大地提高了产品品类，形成了新的、令人激动的、以客户为中心的创新。

（4）众包。随着互联网这一可靠的全球平台的兴起，越来越多的企业依靠与外部人群的互动，开展了遍布各个领域的创新项目。众包的形式有很多，主要包括竞赛、合作型社区、互补者以及自由职业劳动力市场等，它们各具特色、各擅胜场。

（5）开放式创新。亨利·切萨布鲁夫在他的著作《开放式创新》中提出了"开放式创新"的概念。它要求创新者把自身的想法、专长与技能同组织以外的想法、专长和技能整合起来，通过可能范围内最有效的方式，把成果推向市场。

管理创新看起来很难吗？

也许吧。它也可以很简单！

除了组织有序之外，还要拥有健全的创新管道。

战略目标

着手建造创新管道时，先要搞清楚两个问题。

（1）为什么这么做？

（2）你希望得到什么？

战略目标是创新过程的核心，它是方针，指引着组织通过创新达成目标，它包括了更高等级的技术、市场和行业评价。不要把战略评价和市场调研混为一谈，后者主要指的是更加聚焦的关于市场规模和细分市场的调查工作。

创新可能是通过详细计划为某个问题找到解决办法。例如，开发一种新药来治愈某种疾病。

创新的目标也可以是发现预料之外的、无法预测的创新。它既可以是产品创新，也可以是流程创新。只要能省钱，或者能赚钱，或者能为客户增加价值，就是好的创新。

无论它以哪种面目出现，只有符合我们提出的铁律，才是创新：

创新是创造新价值，为组织愿景和客户服务。

创新管道由 5 个阶段组成，这 5 个阶段帮助组织识别、捕捉、验证、开发和落实新创意，帮助组织紧密联系市场，在竞争中保持领先地位。

这 5 个阶段是：

（1）火花发生器；

（2）快速过滤；

（3）混乱的中间段；

（4）八角形优化；

（5）完美计划；

下面是详细的阐述。

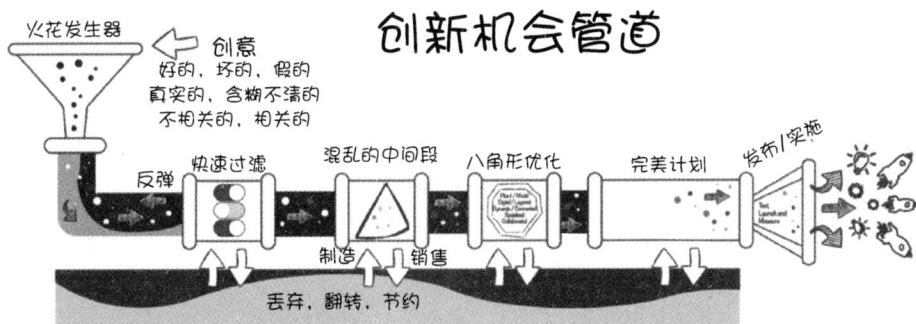

创新机会管道

火花发生器　创意　好的、坏的、假的　真实的、含糊不清的　不相关的、相关的

反弹　快速过滤　混乱的中间段　八角形优化　完美计划　发布/实施

制造　销售

丢弃，翻转，节约

1. 火花发生器

见过电焊或轧钢吗？或者见过类似的、火花四溅的景象吗？

那就是你想要的样子。创新火花密布在创新管道的入口处，它们舞动跳跃、光芒四射。它们来自四面八方，相互碰撞，活像鲤鱼跳龙门。偶尔会有一些溅到外面，大多数进入了创新管道。

入口处的火花一律平等。它们可能来自员工意见箱，可能是社交媒体上的客户点评，可能来自供应商、竞争对手（"拿来参考一下！"），或者实验室的研发人员。它们一律平等，不分孰重孰轻。

借用项目管理术语来说，它属于"头脑风暴"阶段。团队领导者向所有人征集意见，用最快的速度把它们统统记录在白板上，不假思索、来者不拒。

在火花发生器阶段，数量和质量同等重要。越多越热闹！就像熊熊燃烧的篝火里不停跳出的火花，噼啪作响，照亮夜空。

测量输入

作为创新管道的最前端，火花发生器是豪放不羁的，尽管如此，和其他业务一样，它的绩效同样需要测量和考核。组织要了解，在一定时间之内，究竟有多少创新的火花可供收集？创新管道能达到怎样的收集处理效率？

在所有的业务衡量方式中，有 3 项指标始终是最重要的。

（1）随着时间的推移，最终结果是在变好（这很好）、保持不变（这还好）、还是在变差（这太糟糕了）？

（2）结果是否符合目标？如果不符合，是因为目标定得太高，还是因为工作表现太差？

（3）如何描述你与市场和竞争对手之间的关系？你属于引领者还是追随者？

开启了创新管道、树立了创新目标，还需要时间完成结果的"正常化"。慢慢地，我们可能需要对管道做些调整，以便适应组织能力的现实情况。这完全没问题！

测量创新管道输入的方法有很多，下面是几个例子。

（1）每周或每月来自员工的建议数量。这也许是最简单的测量指标了。组织号召员工集思广益，然后通过这一指标清点建议数量。随处可见的员工意见箱就是明证。这种方法的好处在于，除了创新先锋或创新团队用来收集和审核员工意见的必要时间，组织不需要提前做出任何资本性投入。

（2）客户评论数量和建议数量。要倾听客户的心声，尤其是社交媒体或点评网站上吐槽者的心声。要确保管理社交媒体的工作人员及时回复每条评论或问题，或者至少告知对方，他提出的评论或问题已经收到了。实际上，这是客户在免费为我们提供看法和建议，它比咨询顾问便宜得多，也有用得多！

莫莉·圣路易斯曾为《公司》杂志撰文指出，花旗银行非常重视客户的意见。这样做不仅取悦了客户，还收获了良好的回报。例如，花旗银行从客户的意见中发现，移动银行业务正在飞速发展，它对客户的重要性正在变得越来越高。这家银行迅速做出了反应，上线了方便操作的 App。2016 年，花旗银行的移动银行业务增长了 50%，下载量翻了一番。

（3）研发实验室的新发明或新产品数量。这是典型的投资回报率问题，可以通过和其他业务单位一样的方式来管理。关键是有一双识别创新的慧眼，因为有些创新带来的改变不是立竿见影的，而是缓释的，甚至是发生在将来的。

举个例子，1975 年，伊士曼·柯达公司一位年轻的工程师史蒂文·塞尚发明了世界上第一台数码相机。那是一台笨重的机器，但是可以拍摄照片。

柯达的高管对它不感兴趣。

转眼到了 1989 年，塞尚和他的同事罗伯特·希尔斯创造了世界上第一台现代数码单反相机，它看上去和平常的相机一样，用起来也一样。这台相机拥有 120 万像素的处理器，采用影像压缩技术，还配备了记忆卡。

柯达的高管们依然无动于衷。他们不想因此削弱老式胶卷的销售量。塞尚后来告诉《纽约时报》："当然是这样。但是，问题在于，柯达很快就没办法卖胶卷了——我那时的工作就是卖胶卷。"

柯达最终把这项数码技术的许可权卖给了别的公司。为了眼前的产品，柯达固执地拘泥于过时的商业模式，错过了数码相机，错失了彻底颠覆市场的良机。

天与弗取，反受其咎；时至不行，反受其殃。2012 年，根据美国《破产法》第 11 章的规定，柯达公司正式提交了破产保护申请。

别让这样的悲剧发生在你身上！

（4）来自其他公司的许可创新数量。见上文第（3）点。1994年，苹果公司推出了开创性的先驱产品：QuickTake消费级数码相机。虽然这款相机贴着苹果公司的商标，但它实际上是柯达公司制造的。《时代》周刊把QuickTake评为史上"第一台消费级数码相机"。由此可见，当苹果公司无法自行完成某项创新时，它会选择从第三方购买。

（5）来自其他渠道的创意，包括竞赛。在谷歌上搜索"创新大赛冠军"，你会瞬间得到3 000万条结果！由此可见，创新大赛确实算不上什么新鲜主意。最富历史意义的众包式创新竞赛发生在1714年的伦敦，负责管理《经度法案》（*The Longitude Act*）的经度委员会宣布，悬赏寻求一种新方法，帮助船只在看不见陆地的茫茫大海上测定方位。这场比赛延续了114年，许多提出改进方案的人都曾获得过这一奖金。

如今，比赛和其他众包方式早已成为各种类型和规模企业新创意的重要来源。比赛可以是内部的，也可以是公开的。2015年，制药企业辉瑞公司通过一次内部创新挑战赛收获了一种新的移动工具，它可以帮助患者戒烟。辉瑞还打造了一种风格近似于《创业鲨鱼帮》的竞赛形式，收获了大约100项新创意。最终胜出的是一个没有品牌的手机戒烟App，它是由美国肺脏协会开发的。

2. 快速过滤

创新管道的火花发生器里挤满了新创意，它们火花四溅、热闹非凡。接下来做什么？

如何评估这些创意并将它们分门别类？如何把有前途的创意和明显没有价值的创意分离开来？

这是一个至关重要的阶段。为什么？因为只要稍不注意，就会白白丢掉好的创意，或者在毫无价值的创意上浪费时间。没人愿意这样做！

有的组织每年收到几千条创新建议，造成了大量的积压，无法一一跟进。令人遗憾的是，一些领先市场的、本来可以为企业造福的创意就埋没在这些无人问津的建议里。遗珠沧海，可叹可惜。

顾名思义，快速过滤有以下两个主要特征。

（1）速度。需要一个能够快速评价每项创意、快速决策的系统，要么拒之门外，要么顺利放行。

（2）准确度。这个系统要能做到对众多创意取其精华，去其糟粕。

流量管理：阀门系统

如果你观察过河坝，就会发现它有两个作用：一是挡住大量的河水；二是让受控流量的河水通过。通过大坝的河水会产生价值，通常是水力发电或者灌溉下游的农田。

创新管道也是这个道理。建立一系列的堤坝，既可以管理创新的总流量，又可以向下游放行一部分创新，发挥它们的价值。

也许用阀门来比喻更恰当。上文已经明确了创新的目标，相当于完成了一件极其费力的工作，接下来，建立一个非此即彼的"是/非"阀门就很轻松了。它会决定一项创新是否行得通，或者是否值得关注。阀门能把创新工作中最麻烦的部分变成自动化操作：一是披沙沥金地发现好创意；二是应付因为自己的创意遭拒而大失所望的创新者。

阀门有以下两个功能。

（1）丢弃创意。80%的创意会在进入快速过滤阶段的一瞬间遭到丢弃，这是非常有可能的。造成这一情况的原因，要么是这些创意不符合既定的接收原则（如新型创新标准等），要么是创新先锋经过审核发现，这些创意明显不合适，或者与目标不符。

（2）放行创意。放行的原因有 3 种：创意得到接受；需要进一步的研究；暂予留存、以观后效。放行的部分约占进入快速过滤环节创意总量的20%。

如你所见，阀门的第二个功能是十分微妙的。

在获得放行的创意里，可能只有 1/10 能够被立即采纳。这些创意主要有如下的特点。

- 极其简单、廉价，益处显而易见。例如，上文提到的英国航空公司为机舱马桶管道除锈，减轻飞机重量的做法。这种创意会让人猛拍大腿，失声大叫："哎呀！我怎么没想到？"
- 完全符合预定标准。假设你的产品线出了问题，急需一种新设备来解决问题，有家厂商提供了符合要求的设备。问题解决了。

剩下 90% 的放行创意需要更多的研究。它们中的大多数是不完整的，因为它们都是为了解决某一个具体问题而提出的，提出者可能并未研究过它对组织的整体影响。例如，有人提议实施弹性工作制度，如果你认为这个想法很不错，就要认真仔细地做出全盘研究，再做决定。

阀门：手动还是自动？

创新管道的每个阶段都有阀门，从火花发生器开始，一直延伸到决定创意、产品或流程取舍的管道末端。通过类似于通用汽车 EV1 电动汽车的案例可以发现，即使在已经做出可观的投入、制造了 1117 辆 EV1 汽车，并且出租给用户的情况下，在创新管道的最末端，依然存在着"关闭"阀门。

虽然如此，快速过滤依然是阀门最集中的阶段。因为这里汇集的创意数量最大、创意的品类最繁杂、辨明莠麦的要求最紧迫。实际上，快速过滤阶段就是由大量阀门组成的。它的任务就是去粗取精。

阀门既可以手动控制，也可以自动控制。无论采用哪种形式，最终的决定必须依据预先定义好的规则做出，由人（创新先锋或创新委员会）或者软件系统做出。

对大型企业人力资源部门的工作人员来说,或者有过大型企业求职经历的人来说，自动阀门系统一定不陌生。大企业会在发布一份招聘启事之后收到许多简历。接下来，很多企业会开动数字化求职者跟踪系统。这套系统发挥了第一套阀门的作用。扫描软件会找出每份简历的关键字，与职位描述中的关键字进行比对。因此，假如你要应聘软件工程师的职位，而且招聘信息里明确提到，企业想要拥有"中间件 Java 栈"经验的候选人，而你的简历根本没提到"中间件 Java 栈"，那你遭到拒绝的可能性极大。

创新管道的阀门具有同样的功能。它们完全可以做到按需定制，更好地匹配遴选过程，这样一来，组织就能轻松筛选成千上万份应聘材料，甚至用不着从头到尾读完它们。

3. 混乱的中间段

通过了第一道火花发生器，又冲出了快速过滤的筛子，接下来，小小的创新火花进入了"混乱的中间段"。抵达这一阶段的创意都具有一定的价值，值得投入一定的时间或资源来评判。

混乱的中间段是一个复杂且无定形的过程，主要功能是近距离审查创新，判断它能否为组织和任务产生价值，并最终为客户带来价值。

为此，我特别制作了一件独门工具——韦伯逻辑。韦伯逻辑是一种评估方法，它包括 3 个维度，分别用来评估创新最重要的 3 个方面。

韦伯逻辑模型

多数创新评估工具都有个大问题：它们是纯粹**围绕风险**展开的。在我看来，叫它们"创新防范工具"或许更合适些。这些工具评价新创意的唯一标准就是风险。它们感受到的风险越高，组织抛弃新创意、维持现状的倾向就越明显，完全不管新创意可能带来怎样的益处。

下面是更好的创新评估方法。

在评估创新对组织、市场和客户的适宜性之前，应该先解决好作战地图问题。下面罗列了一些问题，请选择符合自身情况的问题作答。然后把这些答案放在一起，它就是你的作战地图。

- 客户想要什么？
- 当前最主要的竞争趋势是什么？
- 有什么新的促成技术可以借力？
- 用于研发创意、实现商业化的资金是多少？
- 这项创新是否符合组织的愿景和战略？
- 真的能推出一项创新，带来非凡的市场份额和客户价值吗？
- 有没有用来评估创意的内部技术包？
- 要判断一个创意是否有用，必要的信息是否齐备？
- 有没有建立起适合的团队架构，通过它来做出正确的选择，把创意推向前进？

这只是一个小小的示例，可能的问题还有很多，这些问题的答案组成了统领一切的作战地图。每个组织都是独一无二的，作战地图也要根据实际需求量身打造。

韦伯逻辑模型是一个三角形，由一个中心和 3 个基本点组成。3 个基本点指的是 3 个关键的评价内容。

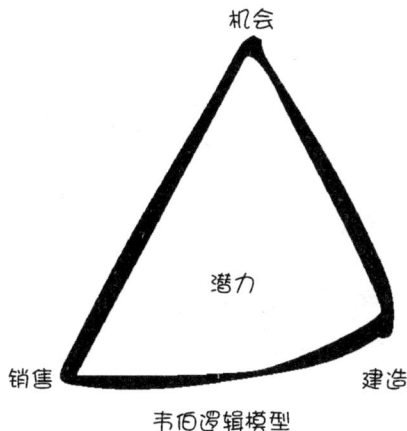

韦伯逻辑模型

机会

三角形的顶点是**机会**。

最好的创新能够满足某种具体需求或者解决某个具体问题。这就带来了机会。需求或问题都是机会，如果没有机会，就不会有创意。

关于机会，最常见的错误做法是凭空臆想。很多时候，组织不去搜集充足的信息，无从确信一项感受上的需求有没有得到广泛的认可，甚至不知道这项需求到底有多大，能否构成有效的市场。人们曾经使用过一种叫作"客户的声音"的工具。它从潜在客户那里收集信息，了解他们有没有兴趣在某项产品上市时掏钱购买。这个工具有个很大的问题：人们总是喜欢说"我会买"，反正他们用不着真的掏钱。因此，关于某种产品或服务的潜在市场前景，企业得到的总是错误的反馈信息。我们要抛开这些老式的、以风险为中心的方法，真正深入下去，与其倾听"客户的声音"，不如理解

"客户的**心声**"，听其言不如观其心。不要再把注意力放在客户怎么说上面了，甚至不必过分在意客户怎么想，要注意的是客户**相信**什么，他们最终将会怎么**行动**。这才是最重要的。

销售

三角形的左下角是**销售**。

关于创意的市场前景，很多创新者做出了极为粗放、毫无根据的假想。这太让人惊讶了。有些组织和发明者对自身创意市场前景的狂热和夸张简直令人瞠目结舌。一项创意能走多远？我们必须冷静客观地判断，包括我们自己的创意在内。

我要老实交代，这一点我做得不好！几年前，我从孩子的教育基金里取出 50 万美元，投资了一种充气式腹肌训练设备。我觉得这是一个绝妙的点子，风险也不高，所以我决定放手一搏。这款产品名叫 Astro Abs，通过一段独立的、只播出一次的电视广告宣传片销售，播出时间定在一个星期六的晚上。那段片子成本特别高，但是质量特别好，简直堪称艺术品。

我永远无法忘记那个星期天的上午。我站在后院看我 5 岁的小女儿泰勒游泳，她在游泳池里玩儿得特别开心。这时，我听见房间里电话铃响。好消息来了！我天大的成功降临了！泰勒的妈妈正好在房间里，她接起电话说了几句，来到后院，把电话递给了我。我在她脸上看到了一种奇怪的、仿佛被雷劈了的表情。我接过电话，心里还期盼着好消息。

制作人的声音听起来很沉痛："对不起，尼克，全完了。"

"什么意思？什么全完了？"

"电视购物彻底失败了，没人买我们的产品，一件都没卖出去。"

我呆呆地说了声谢谢，挂了电话。我的投资血本无归。制作人既不可能让广告重播，也没办法让产品起死回生。没有补考，没有从头再来的机会。

我看着泰勒，心里想：完了，我把你念大学的钱打了水漂了！

最后，我还是想办法赚到了泰勒的学费。我之所以能做到这一点，主要是因为我从这次错误中得到了教训。

这个教训很简单：不要迷恋自己的高见。

爱是一种非理智的情绪，它会妨碍人们对自身创意的市场前景做出客观的评判。如果我事先做一次充气式腹肌训练设备的审慎调查，应该能发现问题，也就不会遭受惨痛的财务打击了。一个想法会不会有市场，这是必须事先搞清楚的问题！

一项技术或服务的市场前景如何？没有调查就没有发言权。然而，很多组织的调查是空洞无价值的。更好的办法是，假设这项技术或产品已经上市了，问问大家会不会**现在**就买。直接征求意见和让人填写调查问卷是完全不同的两码事。以众筹网站 Kickstarter 为例，早在实际投产之前，甚至原型机准备就绪之前，这家企业就已经把创意卖给早期采用者了。曾经用来判断产品市场可行性的老办法已经不够用了，这在信息来源方面体现得尤为明显。如今的信息来源优质得多，也精确得多。如今，人们能在瞬间得到最关键的信息，例如：

● 市场规模；

● 类似产品成功或失败的案例，网上有很多；

● 影响产品市场前景的产业趋势；

● 通过在线社交媒体获得深度见解；

● 来自社交点评网站和其他基于体验的用户社区的看法。

建造

三角形的右下角是**建造**。

我可以负责任地说，如果有人造出永动机，一定不愁卖。然而，讨厌的物理学告诉我们：所谓的永动机只是个传说，永远不可能被发明出来。它是违背自然规律的。

无论提到怎样的创新产品，先问自己两个问题。

（1）"我们造得出来吗？"这是个大问题，不信可以问问马斯克。他和他的 SpaceX 正在建造一种可以重复使用的火箭，这种火箭可以把负载物送入太空，再安全返回地球。有些类型的创新可能面临一大堆障碍，如"建造它合法吗？""制造它安全吗？"等。

假设有一家生产不锈钢医疗器械的企业，名叫小金刚。有一天，小金刚的一位员工构思出一种极富创新的设备，但它是用塑料做的。那么，"我们造得出来吗"这个问题就涉及公司现有的运营能力。小金刚只会做不锈钢工具，不会做塑料工具，无论这个塑料器械的创意有多高超，小金刚都做不出来。

但是，等一下，也许以此为契机，小金刚的领导者应该认真研究一下自己的商业计划，认真考虑一下，是不是应该扩大自己的业务范畴，增加塑料工具的生产能力，这也许是一步高招。塑料工具的市场正在增长吗？进入塑料工具市场的成本有多高？塑料工具的用户和不锈钢工具用户是同一群人吗？是否应该找一家塑料工具厂商签订合作协议，生产和销售小金刚品牌的塑料工具？这些都是非常好的问题，值得小金刚的领导者认真考虑。

（2）"我们造得起吗？"新业务创意也好，企业创新也好，产品创新也好，它们的建造方式直接决定了它们能否成功推向市场。能，还是不能？韦伯逻辑模型会迫使我们做出评判。在思考韦伯逻辑模型的建造一角时，请务必记得，要始终关注**价格敏感性**问题。也就是客户愿意花钱购买什么的问题。我们高兴制造什么都可以，但是，如果客户对于我们所能承受的售价不买账，制造什么都是枉然。我们应该问问自己："这项创新，我能把它造出来，并让它在竞争中体现出差异化价值吗？"关于这一点，不要猜度，要找专业人士求证。要研究实时的行情和真实的数字。如果不能造出一种产品，超出客户的预期，也无法解决客户的价格敏感性问题，那说明你的创意不够好。

韦伯逻辑模型同样适用于影响流程（而不是产品）的创新，包括以降低现有产品成本或者提升产品质量为设计目标的流程，以及改善生产工艺的流程等。

潜力

韦伯逻辑模型的中间，或者说，它的核心是：**潜力**。

这项创意看上去充满希望，那个想法看上去很不起眼。这些都不重要。真正关键的问题是："它的成长潜力有多大？它的增值潜力有多大？"

潜力是韦伯逻辑模型 3 个顶点的结合：机会，建造和销售。三者的结合产生了潜力，或者证明了潜力的不足。只能提高利润而没有增值潜力的创意必须抛弃；既有价值又有利润的创意才能通过阀门，进入创新管道的下一个环节。

韦伯逻辑模型不仅能评估创新，还能为"混乱的中间段"制定遴选标准，帮助我们近距离审视合格的创新，确定它们在财务和运营等各个方面的可行性。

无法通过韦伯逻辑模型审核的创意应该被淘汰。

有希望的创意可以通过阀门，进入下一个环节。

4. 八角形优化

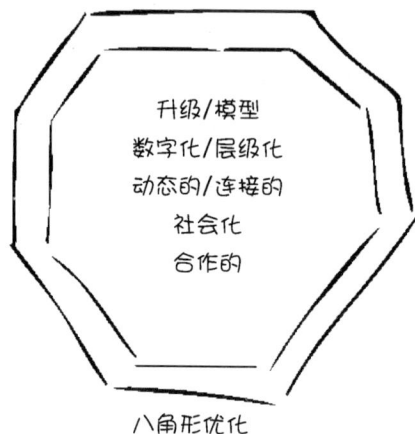

升级/模型
数字化/层级化
动态的/连接的
社会化
合作的

八角形优化

从这里开始，将从一般走向具体。

我们会选择可能的创新，把它们放入具体的**业务背景**中进行考量。

创新是一种数字游戏：火花越多，包含耀眼明星的可能性就越大。多数火花都会归于寂灭，但这没关系。这和公司关键岗位招聘很相似：一个开放岗位，可能收到 100 份简历，公司会从中选 5 个人参加面试，最后选择其中的 1 位。1%的录用率，这不仅没问题，而且得到了所有人的认同。优中选优，本该如此操作！

"八角形优化环节"致力于进一步澄清、识别和巩固那些进入了火花发生器、通过了快速过滤和混乱的中间段的创新。优中选优，留下的都是佼佼者！但是，这个环节的淘汰率依然很高，这和关键岗位招聘的道理是一样的。你一定听过一句老话："雇人要慢，炒人要快。"慢雇快炒的道理同样适用于创新管道。陌上花开，可缓缓培养那些可能燃成燎原之势的小火花。哑弹呢？还不赶紧扔掉！

接下来开始测试新创意，为它们找到最适宜的领域和任务。如果能做到以下 8 个方面，创新的质量和存活概率可以得到显著的提高。

（1）升级一下。这是华特·迪士尼的名言。每当迪士尼公司的动画师提出一个好点子时，华特都会说："真不错。再升级一下。"通过如此简单的一句话，华特不仅让员工提出了想法，还把这个想法推到了一个更高的水准。比如，能不能创造更高的价值？换个环境，它还管用吗？它能和其他创意产生协同效应吗？

谈到迪士尼乐园，华特说："对我来说，乐园特别重要，它是永远无法完成的一幅作品。它可以一直不断地发展、升级和添加。它是活的、会呼吸的、永远需要新变化的……我想要的是一种鲜活的、不断成长的东西，我要不断想出新的点子来升级它。"

（2）形成模式。如今，最上乘的创新不再是闪闪发光的新奇物件，而是一体化的商业模式。你的创意能够形成商业模式吗？它能从商业模式的形成过程中得到优化吗？也就是说，对你的组织来说，甚至对整个行业而言，这项创新是绝对独特的吗？它能不能在别处产生价值？

创建一个最小可行产品（Minimally Viable Product，MVP）是很有用的，它是一项产品或服务的早期版本。MVP 能表现产品/服务与客户、利益相关者或者业务流程之间的互动。它不仅能验证产品或服务的创意，还是一种快速尝试的低成本试验。我们可以借助 MVP 的方法评估正在进行的工作，决定继续推进还是减重投弃。

（3）数字化。如今的一切，要么是数字化的，要么是通过数字化手段连接的。你的创新能否成为数字浪潮的一部分，更好地为企业和客户创造价值？例如，在小金刚医疗器械公司的创新管道里，有一种关于不锈钢医用冰箱的新设计，专门用来储存疫苗。你知道是什么让这个创意获得放行，进入下一个阶段的吗？因为它可以通过数字手段连接医院的电脑网络，医生能够随时监控疫苗的实时库存量。和普通的好冰箱比起来，与物联网的兼容性为这项创意增加了价值。

（4）层级化。对一项新产品来说，价值的层级化指的是在设计产品的包装、保修和操作指南时，为之加入多个层次的价值。创新的每个方面都应该具有多重价值；很多情况下，这并不会产生成本，或者只产生微小的成本，但它会对客户形成极大的影响。

这种分层的做法在汽车行业里非常可见。在过去的十年里，汽车设计的多数创新集中在驾驶者和乘客的数字化服务方面。包括移动通信、自动驾驶、远程启动、车辆系统监控在内的许多功能，把汽车变成了极为复杂的数字机器。一些低成本汽车也不例外。

对于提供服务的组织来说，层级化能带来至关重要的竞争优势。假设你有一家市场营销企业，专攻某一个核心领域，如电子邮件营销等；与此同时，它还拥有其他领域的专长，如搜索引擎优化、网站设计、内容营销、社交媒体营销等。当一项有潜力的、横跨这几个领域的创新出现时，你的优势就会得到充分的显现。创新可能涉及与外部咨询顾问的合作，他们的技能可以成为产品的有效补充；他们可以帮助扩展市场的覆盖范围，还能帮你分担一部分工作。

（5）动态化。如果你用的是苹果手机，每隔一段时间，你会突然发现它变得更好用了。是乔布斯显灵了吗？并不是，而是因为苹果手机属于一个庞大的 App 开发者社区。开发者不断创造新的解决方案，让用户的生活变得更方便、更美好。

我们也要为自己的技术铺设一条不断演进的道路。

这不仅指产品本身。有的时候，产品"是什么就是什么"，动态化也可以来源于制造方式或销售方式，前文讲过的纺必适就是个很好的例子。这是宝洁公司生产的一款空气清新剂，它具有很高的创新性，宝洁公司觉得这就足够了，把它当作普通空气清新剂推向了市场。结果消费者根本不买账。最终，宝洁公司采用了创新的、动态化的**营销手段**。新的销售方式让纺必适的销量一飞冲天。

同理，自从 1886 年成立以来，可口可乐的软饮产品本身从未改变过。而且，实际上，消费者拒绝接受可乐配方的任何改变。为了跟上市场快速演变的脚步，可口可乐公司改变的是产品的外包装和销售方式。

可口可乐公司还做到了模式化，它不断地推出核心产品的变种，包括纯净水在内。这种纯净水贴着达沙尼的商标，看上去颇有些异国情调。实际上，可口可乐用的就是当地市政的自来水，过滤之后加些微量矿物质，让它变得更好喝。

（6）连接。我们生活在一个大规模超级连接的时代，几乎一切事物都可以彼此连接。连接在一起的事物总是能带来更多的价值。我们能为自己的设计增加连接功能吗？怎么做？

可以参考一下电影搭售衍生互动视频游戏的营销模式，再没有比它们更好的例子了。电影搭售衍生品的历史可以追溯到 1925 年的默片《失落的世界》。这部美国怪兽冒险片上映时，正值美国拼图热潮的最高峰。电影迅速推出了与之搭售的营销计划，特地为此拍摄了一部极富创意的预告片。在这部预告片里，演员和导演正在认真研究着一套拼图，这套简单的拼图由 12 块图形拼接组成，名字就叫"失落的世界拼图"。

现代的超级搭售模式成形于 20 世纪 90 年代，导演斯皮尔伯格和环球电影公司为 1993 年上映的大片《侏罗纪公园》连接了大规模的广告和衍生产品。在电影长达两年的前期制作过程当中，环球公司一共发出了 100

多项授权许可，与此对应的是 1 000 多种与电影相关的恐龙产品。最大的参与者是麦当劳，它投资了 1 200 万美元，玩具厂商肯纳支付 800 万美元，游戏公司世嘉出资 700 万美元。这是电影衍生品历史上的第一次超级大号满堂彩，合作方包括玩具、视频游戏和其他交叉营销的全球品牌。

《侏罗纪公园》在 1997 年、2001 年、2015 年和 2018 年相继推出了 4 部续集，凭借 9 亿美元的收入雄踞全球票房榜首长达几年的时间。

《侏罗纪公园》是电影交叉营销的王者吗？并不是。截至本书写作结束时，漫威电影宇宙（Marvel Cinematic Universe）公司凭借其动作英雄系列电影，全球总收入已经超过了 140 亿美元。你知道吗？漫威电影宇宙是 1996 年才成立的，它是一家破产漫画图书公司孤注一掷的豪赌，结果大获全胜。

在你的创新管道里，有没有一项创新能搭出意想不到的新连接，创造出非比寻常的价值？

（7）社交化。脸书、Snapchat 和 Instagram 几乎无处不在，我们可以通过联网设备与他人交往，我们都喜欢玩社交类游戏、与他人协作。你的创新能不能实现社交化，建成一个由快乐的用户组成的社区？

以耐克为例，这家运动装巨头最近减少了电视广告的投放，转而在数字空间投入了大量的营销资源。耐克通过社交媒体建立了一种生活方式，为消费者带来了社区归属感。耐克的推文简洁明快、引人入胜，几乎总是包含"Just do it"的标签。耐克还有专用于社群建设的标签，如耐克女装等。耐克为每一种产品单独建立了脸书和推特账号，包括高尔夫、单板滑雪和 FuelBand 智能健身腕带等。耐克还建立了两个足球账户，一个其实是橄榄球（只有美国人管它叫"足球"），另一个是全世界都在踢的足球。耐克的社交媒体不仅限于产品推销功能，"耐克客服"账号还会解答产品问题和技术问题，它每天回答的问题多达几百条。

（8）协作式。没人生活在真空里，也没人能在真空里创新！要和真正聪明的人，甚至有点疯魔的人合作，从不同的有利位置来审视创意。比如，假如你的创新先锋或创新委员会是由来自物流和生产行业的人组成的，他们一定会从自己行业的视角看问题。这是人之常情，是无可厚非的。他们会这样问自己："怎样造出这个东西？"或者"这个创意能降低成本吗？"这样的话，一旦超出他们熟悉的领域，组织可能会错过创新，错过形成巨大影响的良机。

认知偏见是意外创新最大的障碍，心理学家也称之为功能固着。心理学先驱卡尔·邓克尔给出的定义："一种心理障碍，妨碍人们采用新的方法，而这种新方法恰恰是解决某种问题所必需的。"对于企业领导者甚至创新团队来说，认知偏见表现为无法跳出解决问题的惯常方式来看问题。具有讽刺意味的是，越是成功的人，认知偏见往往越严重。也就是说，一支团队解决问题的标准方式取得过越多的成功，往往越难接受新的方法，越会觉得新方法充满风险。

关于功能固着，最有名的例子就是邓克尔的蜡烛实验，你也可以把它当作脑筋急转弯，自我测试一下。实验参与者每人得到一根蜡烛、一盒火柴和一个装着几颗图钉的纸板盒子。他们的任务是把蜡烛固定在墙上，点亮它，不能让烛泪滴到下方的桌面上。

请考虑几分钟，说出你的答案。

答案是用图钉把纸盒固定在墙上，当作烛台，把蜡烛端正地放在纸盒上，点燃。

邓克尔从理论角度给出了解释：有些人固着于纸盒作为图钉容器的常用功能，无法为它给出新的定义，所以百思不得其解。

在八角形优化阶段，每接收一项创新，都要保证用开放的头脑看待它：它或许蕴藏着尚未显露的用途或价值！

5. 完美计划

这是创新管道的最后一个环节，到此的创意都会被付诸实施。

如果它是一项产品，将会被投产、上市。

如果它是一种流程，将会被投入使用。

想做到这一点，先要制订计划，必须考虑的要素包括以下方面。

- 客户参与。如果一项产品或一项面向客户的流程需要客户的直接参与，组织需要主动发现和联络客户，激发他们的参与兴趣，取得他们的反馈意见。组织内部的流程创新，如组装线的创新等，也有自己的"客户"，他们就是受新流程影响的员工。

- 渠道计划。组织都是通过某些途径或渠道接触客户的，产品或服务通过这些途径或渠道单向流动到客户手上（即从厂商向消费者流动），由此产生的收益再反向流动回来（从消费者向厂商流动）。

- 收入和费用。期待新产品或新流程带来投资回报。这既适用于产品销售，也适用于内部流程的创新。

- 营销与沟通。确定营销资金和资源的使用方式。对了，社交媒体工作的负责人是谁？

- 数字化、社交化和意见领袖。客户都是具有独立见解的个人，评论者和媒体合作者更是如此。他们的看法变得越来越重要，因为每个人的观点都能公开发布到数字"广场"上，大家都看得到。

- 应急预案。可能会出现第一方案无法按计划展开的情况，为了防备这种情况，应该有妥当的备用方案；不要出现背水一战的尴尬局面。为了防备市场的实际情况与预测不符，还要提前找好替代性的资金来源、原材料来源、备选的生产、分销和市场营销资源等。

● 整体商业化战略。它指的是随着技术或产品从概念逐步推向市场，
  组织应予考虑的系列融资方案。就商业层面而言，我们必须估计出
  产品何时准备就绪，何时有主要的竞争对手进入市场（如果他们现
  在还没出现的话），客户何时会对我们的技术或产品做出回应。

小宇宙公司的创新管道

下面是创新管道工作原理的简单示例。

小宇宙控制系统公司主要生产和销售大型办公楼宇的数字化和机械式
控制系统，包括空调通风系统、火警系统和安保系统等，这是一个竞争极
为激烈的市场。小宇宙的创新管道搭建得非常好，工作效率也很高。

下表展示的是 8 项进入创新管道的创意和它们的际遇。

因为第一阶段，也就是火花发生器阶段，不做任何选择，照单全收；
所以，图表从第二阶段，也就是"快速过滤"阶段讲起。

第 二 阶 段	创　　意	评　　语	阀　　门
1	为员工提供免费午餐	我们又不是谷歌	不予通过
2	房间占用情况传感器	可能的产品创新	通过
3	网站实时聊天功能	可能的营销创新	通过
4	在墨西哥建新厂	大命题，值得研究	通过
5	给高管股票期权	是不是太贪心了	不予通过
6	为办公室洗手间上锁	这真的是个问题吗？需要进一步研究	通过
7	采用管道新材料	可能的产品创新	通过
8	探索核能的应用	疯狂，但值得研究	通过

我们看到，火花发生器一共收到了 8 项创意，既有明显非常有趣的想

法，也有稍显模棱两可的创意。这没问题！火花发生器海纳百川，不会拒绝任何创意。所有创意都会被它鲸吞到创意管道的大嘴巴里。接下来，每项创意都会得到快速而公正的评价。

作战地图在第二个阶段，也就是快速过滤阶段，发挥了巨大的作用。无论它是通过人工实现的，还是通过软件实现的，都不会影响最终的效果。在这个阶段里，共有两项创意遭到了淘汰，也就是免费午餐和高管的股票期权。

剩下的 6 项得到放行，进入下一个阶段。

有一项创意得到了"通过"，不是因为它很疯狂，而是因为它需要较长时间的分析。它就是在墨西哥建立新厂。

两项创意遭到了直白的拒绝。

作战地图的第三个阶段是"混乱的中间段"。这是韦伯逻辑模型发挥作用的场所。简而言之，韦伯逻辑的最低要求是："创意是否符合以下4 项标准——潜力、机会、销售和建造？"我们把这 4 项标准合并简称为 POSB——符合还是不符合？

第 三 阶 段	创　　意	评　　语	阀　　门
2	房间占用情况传感器	符合 POSB	通过
3	网站实时聊天功能	符合 POSB	通过
4	在墨西哥建新厂	需要进一步研究	通过
6	为办公室洗手间上锁	不符合 POSB，人力资源部门：没这个必要	不予通过
7	采用管道新材料	符合 POSB	通过
8	探索核能的应用	无力建造；没有合作伙伴可以提供此技术的商业用例	不予通过

因为创新先锋和其他评价者找不到 POSB 商业用例，无法给出通过的

意见，有两项创意在这个阶段遭到了淘汰。在墨西哥建厂的想法再次获得通过，不过，不是因为公司接受了它，而是因为高层管理者需要慎重研究。通常情况下，创新先锋和相关部门的领导者有权自主批准很多创新，但在墨西哥建厂这么大的事不包括在内！

接下来是第四个阶段——八角形优化。还有 4 项创意留下来。

第 四 阶 段	创　　意	评　　语	阀　　门
2	房间占用情况传感器	通过，将投入资金	通过
3	网站实时聊天功能	通过，将投入资金	通过
4	在墨西哥建新厂	通过，为研究投入资金	通过
7	采用管道新材料	建模完成——太过昂贵，不具备盈利性，且无商业用例	不予通过

我们看到，在这个阶段，又有一项创意遭到了淘汰，它就是采用管道新材料。创新委员会决定资助一项关于在墨西哥建厂的研究项目，因此，这个提议再次获得了通过。但是，只有公司确定它值得冒险时，这项创意才会得到真正的落实。

下面是第五阶段——完美计划。

第 五 阶 段	创　　意	评　　语	阀　　门
2	房间占用情况传感器	推进中	通过
3	网站实时聊天功能	推进中	通过
4	在墨西哥建新厂	研究进行中	待定

最终，8 项创意中有 2 项入选并被投入使用：新的传感器，可以探测房间里的人数；带有实时聊天功能的企业网站。关于在墨西哥建厂的研究还在进行当中。

半年之后，尽管创新管道已经释放了这几项创意，但是它们还需要接受绩效考评，这和公司其他的产品和流程组合没有区别。

第 六 阶 段	创 意	评 语	阀 门
2	房间占用情况传感器	已完成开发，已上市	通过
3	网站实时聊天功能	值不回成本	不予通过
4	在墨西哥建新厂	研究进行中	一年内决定

半年之后，公司发现，新型房间占用情况传感器销路很好，而网站实时聊天功能是多余的，客户根本用不着这个功能。在墨西哥建厂的研究还在进行当中，公司会在一年之内做出最终的决定。

这批创意是否值得投入？

是的！新型房间传感器为公司带来了新的收入。实时聊天功能并未耗费公司太多的尝试成本，它还帮助公司进一步认识了客户。在墨西哥建厂的可能性得到了密切的关注和研究。

创新管道的逻辑前提特别简单：足够深入地理解自身的业务、市场、客户和组织愿景，准确把握最迫切需要的创新类型。做到这一点，就等于建立了一台生产机会的机器，它会自动筛选最密切相关的创意，快速地把它们推向商业化，或者付诸实施。

太多的组织完全不知道自己想要什么。这让过滤创意的工作变成了一项不可能完成的任务，因为没人知道什么创意是合格的。另外，很多组织会从风险管理的角度看待创新。前文阐述过这一点，如果人们从这个角度看创新，创新管道的出口将空空如也，因为没有一项创新是毫无风险的。

态度很重要！

很多创新管道是为了**规避**创新和**拒绝**创新而建立和运行的，因为创新意味着风险。

危言耸听吗？不，这是真的。

有很多的组织领导者都是畏惧风险的人。尽管他们过分拘谨，但是他们心里很清楚，必须摆出一副拥抱创新的姿态不可。所以才会有那么多的创新中心、创新日，以及专门用来收集员工建议的电子邮箱。实际上，它们的成果是什么？这些领导者毫不关心。他们之所以这样做，完全是为了博得利益相关者、投资者和公众的好感。

真相是什么？真相只有一个：创新管道不是风险管理工具！

它是机会管理工具！

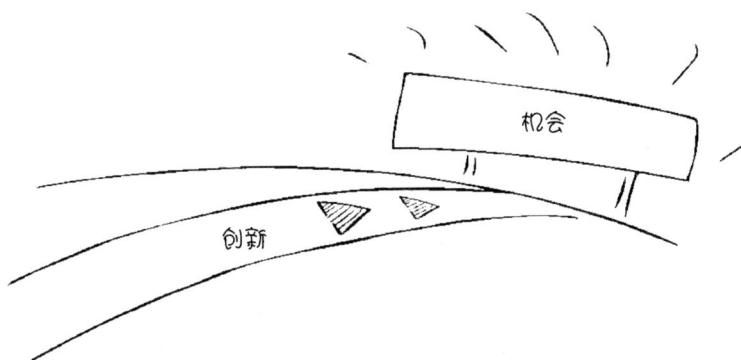

那么，创新管道会成为摇钱树吗？它会噼里啪啦掉金子吗？

当然不会。我们都看到了，在进入火花发生器的创意中，十成中有八成会被直接淘汰！"嘭"的一声不见了！永远消失。

剩余的两成创意通过了快速过滤阶段，它们中只有 10%会被直接接受，剩下的90%需要进一步的研究，可能只有两项创意能够最终得到落实。

也就是说，100 项创意进入了创新管道，最终可能只有 2 项变成现实，这已经很好了。

可以这样想：

算一算进入销售漏斗的潜在客户，有多少人最终成为付款客户？

2%？2%很好呀！对不对？

如果开放一个关键岗位的招聘，可以轻轻松松收到 100 份简历，没问题吧？或许 200 份？能够进入终选名单的又有几人？3 位？还是 4 位？

所以说，创新管道 2% 的成功率有什么问题吗？

要我说，2% 很优秀！

绘儿乐的创新管道

别走，你没看错标题：我说的就是那个绘儿乐，那家生产儿童蜡笔的老字号。

绘儿乐从 1903 年 6 月 10 日开始销售蜡笔。他们的蜡笔是用固体石蜡和彩色颜料制成的，为了不把孩子们的小手弄脏，每根蜡笔都包裹着纸套管。

116 年过去了，绘儿乐的蜡笔和它的生产方式从未变过。

乍一看上去，我们也许会想，绘儿乐也许是地球上最不可能产生创新的地方了。

这是一种误解。

在这个充满了电子玩具的世界里，面对熟练操作电脑的孩子们，绘儿乐表现出了惊人的敏捷性、高明的想象力和对自身核心能力的清晰认识。本来，如果采用千篇一律、月饼模子式的创新方式，绘儿乐也可以抛开蜡笔业务，一头扎进儿童艺术数字设备的池子里扑腾。但是，绘儿乐的领导者没有这样做，他们认真研究了创新的有利因素和内部障碍，找到了更加简单易行，又极为成功的替代方案。绘儿乐很清楚，自己对电子产品算不上擅长，但它们在化学领域拥有深厚的知识产权优势，这也是绘儿乐早在19 世纪早期起家的根本。

比如，绘儿乐推出了神奇显色空气喷绘笔，能帮助孩子们更方便地作画。这种喷绘笔能喷出极细颗粒的透明墨水，在特制的神奇显色纸上显现出图案。

绘儿乐万花筒绘画套装专为日益增长的成人涂色书市场设计。发现无人触及的市场（成年人涂色书），为之开发产品，投入与自身核心竞争能力和品牌形象相匹配的市场。万花筒绘画套装为这种创新方式做出了教科书式的诠释。

这并不代表绘儿乐在数字领域里毫无作为。绘儿乐或许在数字领域里一无所长，但 DAQRI 是真正的专家。这是一家位于美国洛杉矶的增强现实（AR）服务和 App 提供商。要知道，创新管道中的创新可以来自内部，也可以源于外部。外部来源包括合作伙伴和第三方许可交易。通过和DAQRI 超级发明家的合作，绘儿乐这家百年老店推出了彩色活力着色页。这是一款 AR 产品，它能通过平板电脑上的 App 让你的画动起来。

它是这么玩儿的：给孩子买一本《彩色活力魔法书》，上面有各种形象的线条画，如光头强和熊大。孩子先要选择一幅画，他们通常会选熊二，然后开始涂色。涂色完成后，打开装有"彩色活力"免费 App 的平板电脑，点击 App，对准熊二，摄像头会自动捕捉到涂好颜色的熊二，孩子们可以在电脑屏幕上见证整个过程。App 会识别并锁定这幅涂满彩色蜡笔的画，这个时候，熊二轮廓的黑色线条还看得见。接下来，平板电脑中的软件会进行图形处理，孩子涂好的颜色会被添加到熊二的动画形象当中。于是，一个立体的、会动的、挥舞着双臂的熊二出现了。动画形象生成之后，这个私人订制的、会动的熊二会一直保存在电脑里，孩子走到哪里都可以带着他。

绘儿乐的营销总监杰夫·罗杰斯告诉《消费品技术》（*Consumer Goods Technology*）杂志："绘儿乐向来崇尚创造力，我们知道，绘儿乐是个金字招牌，我们可以通过更多的方式发挥它的威力。思考创新不能仅限于产品，实际上，它与我们所做的一切工作息息相关。"

真是一语中的！创新性企业思考的不只是产品创新，还包括一切工作的创新。

行动起来！

建立创新管道，用创新火花把它装得满满当当，严格地度量输入、输出和整个过程。

你的清单一定要包含下列要素，确保每项要素到位。

1. 积极敬业的创新先锋

创新先锋对创新管道的绩效负责。和其他高管岗位一样，创新先锋必须拥有自己的职权和职责。他还必须拥有完成工作的必要资源。

2. 健全的结构

组织结构的正规化能增强稳定性、降低不确定性。火花发生器的运行规则应该清晰透明，要让每位组织成员知晓，还要配备公开透明的决策问责制和明确的衡量指标。结构必须具有足够的灵活性，足以容纳颠覆性创意。

3. 高效的创意归类与筛选

组织需要一种或多种遴选机制，把优质的创意和低劣的创意分离开来，并通过商业指标和可行性指标完成创意的评估。下一章将详细讨论这一系统。

4. 各业务和部门之间的内部合作

新产品或新流程的概念一定要禁得起各个业务单位的详细审查。这就使得跨业务合作成为新创意筛选和评估过程的必要条件。业务板块和部门之间的紧密合作可以确保新概念的价值，让后续的开发过程变得更容易。

第十章
Chapter 10

创新品牌计划

抢答题：请说出 5 家著名的创新型组织。规模大小不限，是专注于产品还是服务都可以，只要它在你眼中是真正创新的，无论具有怎样的特征都算数。

很好！下面请想想这 5 家组织在公众眼中的形象。如果它们中包括上市企业，也可以看看它们的股价和投资前景。想一想，是哪些人在为这些企业工作，媒体对这些企业叽叽喳喳报道的都是什么。

你的组织有这么热闹吗？有热烈的气氛和新鲜的可能性吗？它充满了蓬勃的创新活力吗？

很多 CEO 会说："当然啦，苹果也好、特斯拉也罢，或者时尚的布鲁克林公司，大家都知道它们是创新企业。但它们是它们，我们是我们。创新只属于那些穿牛仔裤和格子衬衫、每天骑自行车上下班的人，跟我们有什么关系！我们是'吃瓜群众型'公司。"

这样的领导者可谓只知其一，不知其二。其实，他们完全可以不拘一格地对"瓜"的采买、准备和市场营销工作做出创新。而客户根本不需要觉察这一切。客户需要的只是熟悉的产品，而你正是提供这些产品的人。

创新本来就不是专属于所谓创新精英分子的，它可以，也应该，发生在每个行业的每个组织里。

把事办妥！

我们曾经和一位 CEO 合作过，他是一个和蔼可亲的人，总是穿着雪白的衬衫，系着领带。他的业务算不上创新的类型，也不需要成为创新类型。至少在史先生看来是这样的。是的，我们称他为史先生。史先生长篇大论地向我解释过：创新和他的公司没关系。

就在几天前，当地报纸报道了一则关于史先生公司的新闻。他的公司主要生产耐高温材料，专门用于高炉、核反应器和航天火箭。报道称，一场暴风雨袭击了史先生公司所在的街区，建筑物被淹，街道一片泽国。令人称奇的是，不到一天的时间，邻居们还泡在水里、一筹莫展时，史先生的公司已经恢复了正常的生产秩序。我们问史先生："您是怎么做到的？"

他的眼睛一下子亮了，像个收到生日礼物的孩子。

他笑着说："哦，我们露了一手。厂房里有水泵，我们平时用它来冷却机器。暴风雨刚过去时，天微微发亮，我把工程师们召集在一起，请他们想办法尽快恢复营业。我对他们说：'撸起袖子加油干！'结果，不到一个小时，他们就把水泵改造成了从室内向室外泵水的利器。接下来，我们又完成了电工部分的工作，把线路从地面改到了天花板，这样水泵就可以安全通电了。就这样，快到下午四点时，工厂的地面就完全干透了，生产恢复了！"

我们告诉他："这么说，你们完成了一次了不起的创新！而且您史先生就是这一创新的带头人！"

他看着我们，说："嗯，我们不管这叫创新，我们称之为'把事办妥'。我有支好队伍！"

好吧，史先生说的都对！如果你也不喜欢用创新这个词，随便叫它什么好了，比如史先生说的**把事办妥**就很好。很明显，史先生的公司拥有一条令人艳羡的创新管道，它极为迅速地捕获、评估、发展和落实了一项新创意，这个创意从洪水中挽救了公司。请不要告诉史先生这个事实，他不大喜欢用创新这个词。

顺便提一句，虽然史先生从来不把这件事挂在嘴边，但他的公司是业内公认最适合隔热工程师工作的地方。他因此网罗了一批顶尖的人才，公司的人员流动率很低。

这就引出了下一个话题。

为品牌投资？当然！

没有哪家成功的企业不注重建立和维护自己成功的品牌形象。这也是众多企业每年在广告、推广、明星代言、电影植入、社会活动等方面动辄花费几十亿美元的原因。企业做这些都是为了让消费者相信，它们的质量、价值以及所有的正向特征都是值得信赖的。

史先生的隔热厂同样善于自我推销，它主要是通过史先生本人的活动做到的。他在美国商会的 B2B①和行业贸易协会圈子里极为活跃。史先生不是呆子，他懂得如何在客户心中占据制高点！

创新和质量或价值一样，也应该成为企业品牌的关键组成部分。不仅如此，不能让创新沦为空洞的口号，它应该成为组织每天呼吸的空气和乐于为之投入的对象。

创新品牌主要包括 3 个方面。

1. 现有员工

史先生隔热厂的员工非常热爱自己的工作！我是怎么知道的？在很多网站上可以看到，如 Glassdoor 等，史先生公司的员工为自己的企业打出了 5 颗星的最高分。请切记，随着互联网的出现，企业员工有了发出自己声音的阵地，他们可以向全宇宙宣告自己的工作感受，他们也是这样做的。可悲的是，有些 CEO 把这种表达看作"心怀不满"的员工在发牢骚，对此毫不理会。这些高高在上的领导者认为，只要薪水足够高，别的都不是事儿。

这简直错得离谱。

作为雇主，你是有选择权的。请从下面两种类型的员工中选择一种。

（1）为薪水而工作。这种员工每天按时上班，波澜不惊地完成领导交办的任务，从不付出一丁点额外的努力，因为他们认为完全没这个必要，他们下班比上班还要准时。在更好的工作机会出现时，他们会拔腿就走，连眼都不眨一下。信任？别逗了。他们早把这两个字从字典里抠去了。

（2）因热爱而工作，高薪只是锦上添花。这种员工享受挑战，向往与他人合作，团队同事也可以，组织内其他部门的同人也可以。当危机出

---

① Business to Business，企业间电子商务。

现，如洪水淹没厂房这一类情况时，他们会挺身而出，力挽狂澜，帮助企业回归正轨。可能最重要的一点是，为了全公司的福祉，他们渴望为企业献计献策。他们乐于付出额外的工夫，因为他们既信赖彼此，又相信自己的上司。

我们曾和一家在经济大衰退①中面临危机的公司合作过，这是一家物业公司，它在那场经济风暴中遭受了沉重的打击。就在客户流失殆尽，公司岌岌可危时，这家物业公司的 CEO 对她的员工说："我们一定能挺过来，我们不会辞退任何人。万不得已时，我们可能会降低工资，但是不会裁员。大家一起想办法赚钱，共渡难关。"

果然如此，这位 CEO 和她的团队顶住了压力，借助创新的力量度过了这场劫难。她鼓励每一位员工出谋划策，把收集到的所有创意导入创新管道。他们放弃了旧有的商业模式，用新的眼光打量市场。经济慢慢复苏了，公司也恢复了元气，大家都在，没人离开。

2. 理想员工

先等一下，现有员工的问题还没说完。上述两种类型的员工，你选哪一种：是打卡者，还是创新者？

不仅现有员工的精神面貌是创新品牌的一部分，理想员工的形象同样是创新品牌的一部分。

当你发布一则招聘启事时，你想吸引最优秀、最聪明的人才，还是只要劳动力市场最低一级的应聘者就够了？

---

① 经济大衰退（The Great Recession），指 2007—2009 年由于金融危机引发的经济衰退，2008 年，其影响从美国房屋次级贷款波及其他经济领域，进而影响全球经济。

答案显而易见：最好的人才都想去协作式、创新型的组织工作，他们既热爱新创意，也能尽心尽力地做好日常的本职工作。

眼镜电商 Warby Parker 的联合创始人兼 CEO 尼尔·布卢门撒尔曾经告诉 Business.com 网站："第一就是用对人，问题在于，如何聘用对的人？我们的秘诀是，专找具有创新特质的人。"

最近有种说法很流行："有才华的人都有好工作！"截至本书写作时，美国的失业率确实很低，很少出现合格的人才找不到工作的情况。但是，很多素质极高的人才对现在的工作并不满意！他们感到压抑、不被重视、前途晦暗。他们渴望改变这一切。作为一位领导者，你应该问自己两个问题。

（1）"员工快乐吗？他们会不会随时跳槽，跑到竞争对手那里？"如果会，就必须立即解决这个问题。办法是改善**员工体验**。我指的不是支付更多的薪水，或者在职员休息室提供免费咖啡和面包圈。我说的是如何触及员工的思想、激发他们的想象力。怎样让员工的工作变得更有意义。

（2）"公司有能力从竞争对手那里挖来最好的人才吗？"如果不能，就需要纠正这个问题。参见上面的"（1）"。

3. 外部环境：客户、合作伙伴、投资者

客户都希望自己买到的产品或服务是**令人满意的**。

合作伙伴，包括供应商、许可方、战略盟友等，都希望与我们的合作是**令人满意的**。

投资人当然都希望自己投资的对象是**令人超级满意的**。

每一位支持我们的人都有多种选择，他们既可以选我们，也可以选别人。世界很大，你中有我，我中有你。每天有许许多多的产品走下生产线，运送到千里之外的客户手上。资金在全球范围内流动不止。几十年前的全球业务，如果放到现在，充其量只能算是区域业务。

以福特汽车公司为例，在长达几十年的时间里，这家公司堪称底特律城的代名词。福特汽车的工厂遍布全球很多国家，包括泰国、葡萄牙、巴西、法国、中国、墨西哥、南非等。

与此同时，许多美国以外的汽车厂商纷纷在美建厂，包括丰田、本田、日产、马自达、斯巴鲁、现代、起亚、大众、沃尔沃、宝马、戴姆勒和日野汽车等。

争夺投资和战略合作伙伴关系的竞争极为激烈！得益于金融创新，普通"大爷大妈投资者"对创新型企业的投资正在变得越来越便利。类似于 Kickstarter 和 Indiegogo 的众筹平台获得了越来越大的成功。以 Kickstarter 为例，该平台于 2009 年上线，发展到 2018 年，短短 9 年的时间，各种项目累计投资额已经达到了 39 亿美元，这些资金全部来自普

通群众。Indiegogo 引领和发布了很多面向未来的项目，包括世界上最小的相机和智能微型无人机等。

与此同时，关于首次公开募股（Initial Public Offerings，IPO）的联邦法规也在放宽。2015 年，美国证券交易委员会根据《就业法案》第四章（通常被称为"A+条例"）最终确定了这些法规，这为未获得认证资格的投资者提供了机会，他们可以在限定条件下投资新兴上市企业。

在此之前，投资 IPO 的机会专属于大型机构投资者和投资银行的富豪客户。如今，因为金融产业传统运营方式的变革，投资者无论大小，都拥有了更加平等的竞争环境。这和优步颠覆传统出租车市场有着异曲同工之妙。

公众对创新企业的兴趣空前高涨，你的企业准备站在哪一边？是弄潮儿向涛头立，手把红旗旗不湿；还是默默无语两眼泪，耳边传来驼铃声？你自己选择。

创新，像呼吸一样自然

也许你正走在创新的路上，只是自己还没觉察到。那么，你要做的就是**聚焦**创新，为创新**投入**。

创新律令并不是所谓创新精英分子的专利，也不是宝葫芦里的秘密。

让人浑然不觉的创新是最好的创新，它就像起床穿衣服那么自然而然。

它舒缓、自然、潺潺的，像蔡琴的老歌：是谁，在敲打我窗？

很多企业的问题不是创新动力不足，而是对**创新兴奋过度**。

这个……

当善意的领导者跳上创新的马车，在结果还没出来时就宣布"任务已经完成"时，就会发生这种情况。

接下来举个例子说明这一点：顶峰工业，一个悲伤的故事。

顶峰工业的领导者对咨询顾问言听计从（比国王什么都听国舅的还可怕），他认准了"创新"是公司的发展方向，匆忙建立了创新操作系统，搭建了创新管道。公司大张旗鼓地宣传：顶峰工业，立志成为创新领跑者。而这一切不过是一场以吸引投资为目的的营销把戏而已。整件事看上去就像用扑克牌搭成的房子，一咳嗽就倒。

在顶峰工业崭新的创新系统里，偶尔也会有一两个有趣的创意冒出来，出现在阀门控制者眼前。很可惜，阀门控制者的真实意图并不是支持创新，而是干掉创新，因为创新在他的眼里是危险的，是洪水猛兽。在顶峰工业，创新的想法就像饿得哇哇大叫的孤儿，得不到任何部门的支持。就算引入一项新产品，这家公司也没有与之配套的像样的计划。没有市场营销活动，供应链疲弱不堪，更不用提质量控制了。群众的眼睛是雪亮的，员工看穿了这出昂贵的把戏，很快，过度的兴奋演变成了玩世不恭。

结局是市场领导地位的丧失，利润的陡降，最终是销量归零或者干脆破产。

对于大型企业来说，建立基金、创新中心或者研发中心算不上难事，通过亲近创新的方式疏远创新，更是它们的拿手好戏。你选中的创新者可能真的会提出令人激动的、充满变革性的好创意，但是，如果没有健全的创新操作系统来把握和发挥这些创意，只能是白白浪费时间和金钱，助长组织里的犬儒之气。

创新计划很多时候根本得不到财大气粗的战略计划的支持。所以，只要一出现危机，如经济衰退等情况，创新计划往往第一个遭到搁置。

创新操作系统和别的操作系统一样，它也要成为人们熟知的一部分，牢牢地和每个部门、办公室、工位和员工联系在一起。要保证创新管道每天都是充盈的。新创意就像存在银行里的钱，今天储蓄，明天受益。创意也会让组织变成更有吸引力的雇主。

会有人突然忘记怎么呼吸吗？我觉得不会。呼吸是不经意的，它是自然的一部分；人工呼吸才是刻意的，它是急救的一部分。

谁想管理一家刻意**不创新**的企业？我觉得没人会想！

谁是创新巨星？

创新是一个靠人推动的过程。

说到底，电脑是不会提出新想法的（至少现在还不行）。

要由人来审视某个问题或者某种情况，然后他会说："我觉得我们能干得更好。"

基层员工经常这样说：

"只要我们……就能让客户体验变得更好。"

"如果我们……就可以提高产品质量。"

"只要我们……就能提高员工的生产力。"

"如果我们……就可以减少生产过程中的浪费。"

要想紧密**联系**员工和利益相关者，就要清楚地表达出来，让员工明白创新对公司意味着什么，自己能做出怎样的贡献，知道我们会怎样地支持他们。

要让大家都知道，我们时刻期待着创新巨星。创新巨星可能来自组织的任何一个部门。

如果保洁大姐提出了一个清洁地板的新办法，能为公司节约时间和资金，那么保洁大姐就是创新巨星。

怎样用好集体智慧的结晶？工业巨头通用电气的办法是建立众包平台Fuse。2016 年，通用电气推出开放众包平台 Fuse。该平台与"微型工厂"网络相互连接，这些微型工厂的强项是快速设计和推出产品原型。Fuse还是通用电气 GeniusLink 团队的一部分，GeniusLink 与通用电气内部和外部的专家合作，发掘更加高效的业务途径。在 GeniusLink 的支持下，Fuse 打造了一个全新的论坛，全球各地的人们都可以参与这个论坛，共同研究各种挑战的应对之道。GeniusLink 总监、Fuse 总裁黛安·芬克豪森指出："对我们来说，这项工作就是把最好的人才和解决方案与最紧迫的需求结合起来。"

2014 年，德勤对千禧一代进行调研的报告显示，78%的千禧一代希望进入鼓励创新和创造性思维的企业工作。他们中的多数人表示现在的雇主无法做到这一点。实际上，千禧一代认为，阻碍创新的两大元凶是"管理态度"（63%）和"运营架构与程序"（61%）。

创新巨星就在我们身边，可能来自实验室、保洁室、众包平台、快递卡车等。我们要把握住创新火花，把它们转化为企业价值和客户价值！

底特律的自动驾驶公共交通

满城尽是无人车。这一场面最有可能发生在底特律，这个曾经的美国汽车之都。实际上，底特律的街道可能真的很快会充满创新型自动驾驶公交车辆。

至少这是 May Mobility 的愿景。它是一家位于密歇根州安娜堡市的初创企业，正在开发一种城市微型公交服务。它使用的是一种自动驾驶的六座电动汽车，能沿着事先设定的环线路穿行于底特律的大街小巷。2018年 6 月 26 日，这家公司进行了首次产品发布，那是一队可爱的、白绿相间的小班车，最高速度只有 40 千米/小时。在至少两千米长的贝德洛克大道上，它们取代了笨重的柴油巴士。

目前，每辆车前座上还坐着一位工作人员，会在必要时手动操控车辆。等到最终投入使用时，这些电动车将会实现完全的自动驾驶。

May Mobility 宣布，计划把无人驾驶班车服务拓展到俄亥俄州的哥伦布市，并在密歇根州的大急流城增加一条线路。对一家 2016 年刚刚成立的公司来说，这算得上跑步前进了。该项目的创新掌舵人拥有深厚的行业经验，May Mobility 的联合创始人兼 CEO 埃德温·奥尔森曾是福特汽车公司自动驾驶项目的首席研究员，他还在丰田研究院担任过自动驾驶项目的联合主任。联合创始人兼 COO 艾利森·马利克曾供职于通用汽车风险投资公司，负责管理通用汽车公司与克鲁斯自动化公司之间的合作。后者当时还是一家初创企业，后来被通用汽车收购，助力通用汽车开发自动驾驶技术。

创新离不开合作，除了智力合作，还包括资金合作。2018 年，May Mobility 从宝马风险投资公司、丰田人工智能风险投资公司等机构获得了 1 150 万美元的种子资金，Trucks、Maven Ventures 和 Tandem Ventures 也投资了该公司。

May Mobility 负责人强调指出，他们的工作不是学术活动。公司的目标很简单，就是拉着乘客上路，越快实现越好。May Mobility 的策略是，每次只定一个小目标，快速实现这些小目标，同时研究怎样把工作做得更好。创新不会因为一套行之有效的系统而止步不前，做出上路行驶的汽车始终是 May Mobility 创新流程最重要的部分，正如奥尔森说的："对我们来说，实路行驶不仅仅意味着成功的业务，它还会带来数据流和运营知识，它能帮助公司更快地发展、改善我们的系统，这远比走研发路线的原始设备制造商快得多。"

行动起来！

1. 建立创新品牌

我敢打赌，每家企业都非常在意自己在市场上的品牌形象。我们都希望自己成为品质、价值和上乘客户体验的代名词。一定要用同样的期待和热忱看待创新品牌！要知道好的创意来自哪里。这和把钱存进银行是一样的。

2. 培育员工创新

怎样才能鼓动员工忙起来、心甘情愿地为组织加班工作？无论你的方法是什么，千万不要把员工当成螺丝钉看待，要激发他们与生俱来的解决问题、寻找新办法的热情。

3. 确保公司对顶级人才的吸引力

追逐顶级人才的竞争极为激烈，而且这一竞争正在呈现出越来越明显的全球化趋势。在公司某个关键岗位招聘时，优秀的应聘者可能同时握着好几个别的公司提供的工作机会，举棋未定。和你争夺人才的对手可能就在马路对面，也可能远隔重洋。在人才争夺大战中，如果组织能以创新引领者的面貌出现，一定能让天平朝着有利于你的方向倾斜。

4. 让投资者开心

当下一个巴菲特纵览全球投资版图，寻找有价值的企业时，他一定不会选择业绩乏善可陈的企业，更不会选厌恶创新的企业。他看重的一定是企业的活力和成长性，是那些以稳定可预期的、川流不息的新创意为动力的企业。一定要让投资者看到企业对创新的投入，力争进入投资者的首选名单。

第十一章
Chapter 11

长期创新成功

你的企业经营多少年了？

金刚组株式会社是一家专门设计、建造和维修佛寺的日本建筑公司，其经营历史要从公元 578 年成立时算起，从未中断过。是的，你算得没错，这家企业独立经营的时间不是几个世纪，而是 1400 多年，直到 2006 年被高松建设收购，成为后者的子公司为止。

真让人难以置信！

美国历史最悠久并且一直在营业的老字号是卡斯韦尔·马西，这家企业成立于 1752 年，是美国现存历史最悠久的消费者品牌。

猜猜看，在过去的 250 年里，这家企业的经营方式有没有过改变？当然有！那么，卡斯韦尔·马西有没有标榜过自己是"创新者"？你自己判断吧。下面是卡斯韦尔·马西网站上的一段话（卡斯韦尔·马西的网站做得相当漂亮），这段话的标题是"我们的未来"："作为一家土生土长的美国原创品牌，我们的企业快 300 岁了。3 个世纪里充满了最美好的瞬间，我们要把忠实客户组成的大家庭建设得更美好，还要打造令人叫绝的新产品，开展令人意想不到的合作。唯其如此，才配得上这个传奇的品牌。"

"打造令人叫绝的新产品，开展令人意想不到的合作。"这听起来特别像创新。

在这个令人肃然起敬的品牌之下，有创新的火花正在熠熠生辉。

你的企业或许不像金刚组或卡斯韦尔·马西那样历史悠久，也许它正处于安逸稳定的中年，也许它刚刚成立，一切都是新鲜活泼的。或许你正困在一成不变的桎梏里，渴望新的灵感（如果真是这样，就好好读读这本书吧）。又或许，你一心想让自己的新企业立于不败之地。

无论是哪种情况，无论通过怎样的方式满足客户所需，都要想方设法地让创新成为日常工作不可或缺的重要部分。

深吸一口气……开始!

观察一下林林总总的各色组织，你会发现，一模一样的创新操作系统是不存在的。这其实是件好事，因为创新操作系统的个性化恰恰是打造创新品牌的起点。就最底层的基础设施而言，绝大多数组织都是一样的；然而，**只有做到个性化，才能实现各自的目标**。目标来自每家企业优美不凡的独特性，正是这一独特性使得你的企业成其为你的企业。

祝贺你，这本书快读完了！我的意思是，理论学习已经接近尾声，现在是时候开始采取行动了。

"从何做起呢？"你会问。

往下读！

1. 了解客户、服务客户

先搞清楚一个根本问题："我的客户是谁，他们需要什么？"

想回答这个问题，要从最明显的事实开始，也许它们看起来令人厌倦，但是，想为创新操作系统打好坚实的基础，它们是必不可少的。

让我们从**最开始**谈起。

全球产业可以粗略分为三大类，每一类又包括很多不同的部门。你的公司一定属于这三大类中的一种。

（1）产品提供商，如耐克（运动装）、特斯拉（汽车）、达美乐比萨（食品）、乐高（玩具）、宝洁公司（个人护理用品）、三星（电子产品）等。这些企业制造各式各样的产品，再把这些产品卖给消费者。它们的首要工作是产品创新。

（2）服务提供商，如万豪国际（酒店）、优步（交通出行）、布洛克税务（报税服务）、亚马逊（零售）、Angie's List（消费者点评）、Sprint

（电信）、领英（职场社交）、美国邮政局（慢如蜗牛的邮递服务）。这类企业不制造产品，所以它们的首要工作是服务创新。

（3）以上两者的结合，如 US Army（既提供服务，又通过承包商生产产品）、苹果公司（既生产电脑等产品，又提供服务，如 iTunes 流媒体服务等）、麦当劳（生产食品，但它的核心卖点是服务）、Ascension Health（美国最大的非营利医疗系统，库存和基础设施投资巨大）等。

很显然，这些类别的划分是不断变化的，每家企业都是某种产品和服务的结合。真正影响创新操作系统的是你的新创意和新创意实现方式的结合体。例如，福特汽车，这家企业拥有庞大的组装线和复杂的供应链，它的创新操作系统，无论是外观还是功能，都与优步的创新操作系统截然不同。你的创新操作系统肯定也不同于这两家企业，它和每家企业都不同。

重点在于，你的组织能为客户提供什么？你有什么独特的卖点？你有什么"只此一家、别无分号"的好东西？

客户盼望你不断推出令人目眩神迷的新玩意儿吗？客户主要通过你的服务来感受你的企业吗，就像入住一家酒店，或者使用谷歌的搜索引擎那样？

要调整创新操作系统，让它与企业的首要方针保持一致。它要能搜寻和发现创新，把创新变得切实可行。

接下来，友情提示，创新是：

创造新价值，为组织的愿景和客户服务。

有些公司，如前文提到的小金刚医疗器械公司，它为某个细分市场生产特制的产品。这类企业的创新管道可能被界定得较为狭窄。但是，准确地说，小金刚医疗器械公司的创新管道是真正的**新产品管道**，它和制药公司的管道没有本质的区别。它是专门设计和处理新发明的。经过时间的检验，这些新发明可能与产品线吻合，也可能不吻合。小金刚的领导者牢记一点：创新一定要在企业的**内部流程**中拥有自己的立足之地。

你做的一切都会影响到客户。

还以小金刚医疗器械公司为例，假设它成功地为自己的生产线引入了最具创新性、最前沿的工具，从客户的角度来看它的产品线，小金刚完全可以被称为市场引领者。

接下来，假设小金刚在运营中：

- 用纸质支票发工资，而不是直接发到员工账户里；
- 沿用过时的企业内网，而不是实时办公系统；
- 由于糟糕的进件质量控制，生产线不断出现故障停机；
- 对基本库存管理软件和射频识别（RFID）标签的投资不足，造成库存错误；
- 女性员工提起诉讼，声称在工作场所受到了骚扰。

尽管拥有令人羡慕的产品创新管道，小金刚依然可能是**亏损的**，因为它没有做到在关键运营环节上的创新。

无论做什么，都会影响到企业最终传递给客户的价值。要知道，客户可不是慈善机构，他们是完全**以自我为中心**的。而且，客户对品牌的忠诚度不是海枯石烂的，只要你栽了跟头，或者品牌出现了任何污点，他们会毫不犹豫地抛弃你，成群结队地投奔更有价值的卖家。

所以说，创新要融入组织的每一个基本分子。它不是造出耀眼的新产品那么简单。创新还意味着理性行事，清楚地认识到**不进则退、落后就要挨打**的道理。

2.　做好自我评估

自知之明是企业长期成功的必要条件。因此，要把定期的自我评估变成企业日常经营的重要组成部分。我们要：

- 定期开展 SWOT 分析，了解企业的强项和弱项，掌握企业的机会和威胁；

- 对企业的长期发展战略，以及保持市场主导地位的方法有良好的认识；

- 要实事求是地看待员工和员工对待创新的态度，或者说得更宽泛些，要实事求是地认识员工之间、员工和管理者之间，以及员工与企业愿景之间的接触和互动程度。

如果上述几点看起来与你无关，请立刻放下这本书，制订一份自我评估计划，或者聘请一位值得信赖的咨询顾问也可以，他会引导你完成这个过程。因为只有在基本工具到位的情况下，对创新的思考才有可能是恰当的。

搞定了？那么继续。

存在创新型企业文化吗？

首先应该搞清楚，你的企业文化是否具有创新的传统。

这个问题可没你想得那么简单。

施乐公司的帕洛阿尔托研究中心（Palo Alto Research Center，PARC）是个绝佳的例子。1970 年，这家研发公司成立于美国加利福尼亚州的帕洛阿尔托市，因为对信息技术和硬件系统的卓越贡献而闻名天下。PARC 的成立，正是基于施乐公司联合创始人、时任 CEO 查尔斯·麦科洛的一项自我评估。麦科洛认识到，当时施乐的研究人员关注的是怎样把复印机变得更加高效，如何一点一滴地改善产品性能，他们不大可能推出全新的、突破性的个人计算技术。于是，麦科洛成立了PARC，它是一个独立运营单位，远离施乐公司位于纽约州罗彻斯特市的总部，跑到了美国的另一边。麦科洛聘请了顶尖的人才，为中心的运营提供资金，支持他们攻关重大课题。

PARC团队推出了令人惊喜的创新，包括图形用户界面、电脑鼠标、以太网、激光打印、即时的文字处理软件等。他们把这些创新整合在一起，推出了奥托个人电脑，该产品于1973年被施乐公司推向了市场。

PARC的创新者远远走在了时代的前面。可是，后来发生了什么？为什么个人电脑的领导者是苹果公司，而不是施乐？

就在PARC推出振奋人心的新发明时，施乐公司面临着来自竞争对手极其沉重的竞争压力，其中包括佳能和理光等公司。身在罗彻斯特总部的施乐管理层急需立竿见影的增长，以满足投资者步步紧逼的迫切要求。他们匆忙下令，立即把奥托电脑投入市场。就像马克斯韦尔·韦塞尔在《哈佛商业评论》上指出的："没有精心设计的试验，没有适宜的客户群体和销售技巧，施乐的管理层就草率地决定，通过当时现有的销售渠道推出了个人电脑产品。因为那是把潜在收入变成真金白银的最快方式。说到底，探索和发现不再重要，销售和收入成了新的指挥棒。"

施乐的销售人员根本没有做好充分的准备，不懂得如何把这种全新的产品推销出去，电脑和办公用复印机完全不一样，而且，电脑产品更适合在大型市场上销售。所以，奥托电脑的销量非常糟糕。施乐的反应不够敏捷，没能迅速转移战线，全力投入自己从未涉猎过的新市场。

1979年，史蒂夫·乔布斯拜访了PARC，他离开PARC时心满意足。这次拜访后来成了一段传奇。乔布斯和苹果公司的工程师迅速把自己从奥托电脑上发现的功能用在了苹果的丽莎电脑[①]上，把它变得焕然一新。丽莎和奥托最大的区别是：前者在大众市场上取得了盈利。就拿鼠标来说，PARC 工程师设计的鼠标，其生产成本高达 300 美元，特别不耐用，只能卖给高端企业用户。反观乔布斯为苹果 Mac 电脑设计的鼠标，生产成本不到 15 美元，更好用、更耐用，非常适合大众用户。

一百多年前，爱迪生曾经说过："完成一项发明和把生产好的成品投入市场，两者之间存在着极大的不同。"爱迪生很清楚这一点，他既是发明大师，也是市场大师。乔布斯也是。

自我评估必须面面俱到，滴水不漏。下面是一项快速调查，它能给我们一个大致的概念：在准备开始发挥创新的神奇力量之前，你企业的现状如何，还有哪些地方需要改进。通常，这种李克特量表有 5 个反馈项，为了简便起见，此处只列出 3 项。

描　　述	反馈		
	否	不清楚	是
有明确的组织愿景			
知道客户是谁，了解客户需要什么			
领导团队欢迎和支持创新			
员工信赖领导，愿意提出新创意			
能从创新中特别受益的功能区域已确定			
了解通过创新增加价值或者降低成本的方式：优质的新创意			
在员工和团队之间建立了必要的跨功能区域关系，让新创意站得住、行得通			
创新先锋已确定，个人或团队皆可			
建立创新操作系统和创新管道的准备工作已就绪			
有能力吸收新想法，将其转化为客户价值			

---

① 即 Apple Lisa，是苹果电脑公司 1983 年设计生产的一款个人电脑，也是全球第一台使用图形用户界面的个人电脑，配有鼠标和键盘。丽莎是史蒂夫·乔布斯长女的名字。

你可能已经发现了，这个调查问卷未设打分项。所以，它不存在"对"或"错"，它只是一个工具，用来衡量组织和组织领导者对创新的准备就绪情况。还可以看到，"不清楚"也是一种完全正当的回答，而且可能是多数领导者对问卷中多数问题的回答。

3. 任命创新先锋，赋予其足够的权力

每个企业都需要一个人，一个纯粹的人，来担负起监督创新操作系统和该系统的关键组件——创新管道——的职责和职权。

在小一点的企业里，这个人可以是 CEO 或企业主本人。

中等规模的企业可以为此委派一个团队或管理委员会，委员会里一定要有企业高管成员。

如果是大型企业，可以为此委任专门的执行官，组建支持 CIO 的队伍。

他们的职责主要包括：

筹划

（1）配置资源，建立团队，关注长期能力。

（2）为创新管道的每个环节设定和落实自动阀门设置。

建设

（1）管理创新操作系统，监督现行各项目进度。

（2）培养创新能力，把创新能力植入组织文化中，更大程度地影响整个组织。

运营

（1）评估创意，既包括已经通过了自动阀门的创意，也包括未能进入自动系统的创意。例如，员工意见、合作伙伴或许可方的想法，以及计划之外不期而遇的产品创意等。

（2）主动开展或顺势开展必要的尽职调查，确定某项创意是否需要进一步的研究，或者立即批准通过。

（3）全程跟进，确保已经批准的创新不会被忽视、被埋没或者被公司的官僚主义葬送。

（4）与利益相关者沟通，包括提交创意的个人或团队，创意可能影响到的人们，以及有权批准配套资金的负责人等。

审核

定期（每季度或每年）评估创新操作系统的投资回报情况，要尽最大可能地查明这一情况。产品的创新比较容易评估，因为只要产品推向了市场，它们就像其他所有产品一样，利润率清晰可见。流程创新稍复杂些，可以通过相关的关键绩效指标来衡量。

创新先锋的其他叫法……

我们喜欢称之为创新先锋，因为我们觉得这个叫法很完美，实际上，你可以随便怎么称呼，比如创新负责人、创新总监、首席创新官等。比较狭义的叫法有创新产品经理、创新项目经理和新业务开发经理等。

人们经常把研发部门负责人与创新先锋混为一谈。尽管他们的工作都与创新有关，但是，"研发"二字代表的是对纯粹新产品开发工作的关注，它的范围更窄，甚至可能不是公司的主要组成部分。而创新先锋负责督办的是全局性工作，发挥打造新产品和业务用例的能力，支持纯粹技术进步的落地，成为纯粹技术进步的补充。

4. 创建创新律令

"创新律令号"即将起飞，请认真检查下面这张"起飞前清单"。所有的飞行员都知道，起飞前清单是必不可少的。我们不仅要在创新实施前从头到尾核对一遍,确保创新律令下达到公司的每一个角落和每一个格子间；还要在创新过程中定期检查、审核，确保创新机器的正常运转，保持最佳输出。

创新律令各要素检查清单如下：

✓ 愿景

✓ 任务

✓ 缜密思考的团队架构

✓ 健全的创新管道

✓ 定义明确的品牌和沟通计划

✓ 正规化的项目管理基础设施

✓ 高管仪表板，用于跨部门团队汇报

✓ 正在进行的和定期的创意创新活动

✓ 成功案例的定期汇报

✓ 内部协同创新软件包，发挥游戏机制和社会参与的力量

✓ 内部客户体验策略

✓ 可以验证的成果

✓ 经确认的创新投资回报

✓ 快乐的利益相关者及客户

5. 考核、考核、还是考核

很多创新项目最终沦为了自娱自乐：热烈上马、奔放上线、产生了零星几个好创意、开香槟、拍肩膀、互道祝贺。然后呢？然后大家把这个雷声大、雨点小的试验忘得一干二净，日子又回到了从前的老样子。

十分具有讽刺意味的是，下面这些务实精干的高管同样走在这条老路上：

- 认真关注公司投放到市场上的关键产品，跟踪它们的长期业绩指标；
- 每年详细考核员工业绩，相信考核是有用的（其实没用）；
- 每天吃早餐时都会查看退休福利计划账户；
- 凡是公司投入资金的事项，都要看到投资回报情况报告；
- 关注公司股价的涨跌。

他们习惯了追踪重要事物的长期表现，然而，不知道什么原因，他们并没有用同样的方式看待创新，也许因为他们把创新看作了某种奇妙的、无法掌控的事物。

假如你把这本书的内容全忘光了，请至少记住下面这句话：

创新不是什么奇妙的东西，它是可以管理的、可以谋划的，它和组织经营中的其他工作没什么不同。

它意味着计划、调整、巩固、充实、提高。就像一支运动队或者一位运动员的训练一样，每取得一次突破，就提高一点，创新的火花就会飞得远一点，创新的火苗就会燃烧得旺一点。

示例：供应链创新评估

让我们回到小金刚医疗器械的例子上。在遭受了持久的收入下滑之后，公司领导看到了一线曙光，他们迎来了属于自己的创新律令，建立了创新操作系统。这个系统落实的第一项创新就是部署 RFID 设备，在供应链的每个环节实时跟踪库存情况。

为产品和货物托盘加装 RFID 标签，预期价值包括：

- 与传统条形码相比，RFID 标签的数据容量更大，并支持储存各种不同类型的数据；
- RFID 标签不需要露出来，以便扫描，贴有 RFID 标签的产品或者货箱可以摆放在任何位置，甚至在成堆货物的最底层，依然可以轻松追踪；
- RFID 可以做到实时更新，扫描速度更快，能够做到零时延，假如运货卡车迟到了，库存经理会比装卸台上等待卸车的工人更早知道；
- RFID 能降低劳动力成本，人工追踪货物需要大量人手，有了 RFID，一名库存经理能同时追踪几千件货物；
- RFID 能够追踪可退还的、通常极易消失不见的空集装箱。

成本是部署 RFID 最大的不利因素。但是，它节约的时间和金钱或许能够抵销成本的增长。

小金刚医疗器械公司为自己的供应链全线部署了 RFID 系统。一年之后，分析师明确指出，RFID 系统带来了良好的投资回报，尤其在船运集装箱、时效性要求较高的货物，以及贵重成品货物等方面，RFID 系统带来了明显的节约。

与此同时，分析师的结论还表明，RFID 在低价成品货物固定线路散货运输方面（不包括集装箱运输和卡车运输的情况）表现了较差的投资回报情况。这些货物更适合传统的条形码。它的效率可以接受，成本也比 RFID 低很多。

总体而言，公司上下一致肯定，RFID 的创新获得了成功。作为一项新创意、新流程，它帮助企业完成了任务、保持了盈利。经过考核和总结，公司调整了 RFID 的系统部署，在 RFID 没有带来改变或者未能增加价值的地方停止了这项应用。

有些东西新鲜归新鲜，并不代表我们非用它不可。

应该多做调查研究，确定它的实际用处有多大。如果它看起来很有用，那就试试看；如果看起来就没用，那就不必试了。

新创意就在前面不远处等着被发现！

你可能从未听说过的创新引领者

并不是每个创新引领者都像苹果、亚马逊或者谷歌一样家喻户晓。

看看"福布斯 2018 年全球最具创新力百强企业"榜单，独占鳌头的企业名叫 ServiceNow。

叫什么？

2004年，ServiceNow 公司成立于加利福尼亚州圣克拉拉市。这家公司主要为自动企业信息技术运营提供云计算服务。通俗地说，这家公司的产品是简单灵活的工作流，帮助企业员工轻松管理各种信息技术需求，从安装一条新电话线，到医保方案信息，无所不包。这是一个利润丰厚的市场，（到目前为止）一直被大型企业垄断着，如博思软件、惠普公司、彻威尔软件公司和 CA 技术公司等。

那么问题来了，ServiceNow 是怎样成为执牛耳者的？

让我们来听听埃伦·达莉的解释，她是软件开发与咨询公司 Acorio 的 CEO，也是福雷斯特研究公司原高管团队成员，"ServiceNow 解决了一个很常见，但也很复杂的问题，那就是工作流程与任务分工的问题。ServiceNow 的秘诀是原生云整体解决方案，它的使用和维护都非常方便"。这家公司的基本想法是这样的：如果十几岁的孩子能在 15 秒内重置自己的微博密码，那么，如果职员需要重置工作邮箱密码，为什么非要打电话给信息部门，等上 20 分钟呢？

ServiceNow 的创始人兼 CEO 是弗雷德·鲁迪。2004年，鲁迪基本上处于破产状态。由于身陷上一任雇主百瑞勤系统公司的会计欺诈丑闻，鲁迪 3 500 万美元的个人财富在一夜之间化为乌有（鲁迪本人没有任何过失）。他告诉《福布斯》杂志："我对那份工作深恶痛绝，对我来说，损失那笔钱是件再好不过的事，早死早超生。"

鲁迪成立了一家单人作坊，每天在家里修修补补地忙活 ServiceNow 的核心产品。2005年7月，ServiceNow 获得了第一笔融资：由 JMI Equity 领投的 250 万美元 A 轮融资。从那时起，这家公司一直保持着高速增长，陆续签下了包括德意志银行、英特尔和麦当劳在内的众多重要客户，雇员人数增长到了 100 人。

后来，鲁迪发现公司需要一个懂得引领企业发展壮大的 CEO。2011年，鲁迪主动让贤，做起了首席产品官。在占据全楼 C 位的高管办公室里，这样的谦逊可不多见。

和所有真正的创新者一样，ServiceNow 要求创新带来实效。现任CEO 约翰·多纳霍指出："我们的目标是提高办公室人群的生活质量，无论他是 IT 服务专员还是最终用户。"

提高人们的生活品质。这是我们起码要做到的，不是吗？

行动起来！

1. 了解客户、服务客户

无论什么工作，最重要的核心是为客户创造更多的价值；为了做到这一点，稳定的、川流不息的新创意是必不可少的。

2. 做好自我评估

要诚实地看待自己、员工和组织。你准备好逐步改进创新管道了吗？请一定对这个问题做出客观的回答。

3. 任命创新先锋，赋予其权力

蛇无头不行，鸟无翅不飞。创新是由人完成的活动，一刻也离不开勇挑重担的负责人。

4. 筹划、建造和落实创新操作系统

创新就是把创意变成现实的过程。从创新操作系统做起，先把创新操作系统从想法变成现实。

5. 考核、考核、还是考核

坚持就是胜利。创新是一种数字游戏——星星之火有很多，但能燃成燎原之势的并不多见。这是合理的。

临别赠语

创新律令的十大要务

感谢你读完这本书！它包含的信息可真不少。相信你会择其善者，用它来打造属于你自己的创新律令，捕捉创新的小小火花，把它们转化为利润。我对这一点深信不疑。

在结束本书之前，作者扼要罗列了 10 件必须理解和付诸实施的大事。只要做好这 10 件大事，就等于走上了成为创新巨星的康庄大道。

1. 搞清楚你的组织为什么需要创新。

2. 确保自己为创新做好了充分准备，保证你的员工勇于创新、乐于创新，并为创新做好了准备。

3. 勘定实施创新的领域。

4. 建立创新任务。

5. 委任创新先锋或者成立创新先锋团队。

6. 打造创新操作系统。

7. 建立创新管道。

8. 保证充足的资金和资源支持。

9. 持之以恒，把创新工作渗透到组织的各个部分。

10. 定期考核和评估创新成果。

纵观人类几千年的历史进程，我们找到了各种新方法完成工作、享受生活、管理社会、挽救生命，人类的生活因此变得更美好。把新创意变成现实的过程是人类进步的基石。过去是，现在是，将来还是。

只有人类才能创造出创新的火花，这是我们作为人的最核心本质。是创新让生活变得丰富多彩、充满喜乐，是它让每一代人比上一代人生活得更好。

从经营商业的角度来说，无论以怎样的面貌出现，创新始终是营利的关键。一成不变只会造成落后，而保持进步、保持盈利的唯一方式就是创新。

感谢阅读本书。现在就行动起来，开始你的下一项创新吧！

致　　谢

　　感谢我所在大学的诸位同人，感谢他们给予我的启发和帮助。感谢我在健康科学西部大学创新中心的团队。感谢丹尼尔·威尔逊博士给了我不断的支持和启发。特别感谢梅瑞博士、爱德华·巴恩斯博士、大卫·巴伦博士、宝拉·克罗内博士和玛丽·洛佩兹博士。

反侵权盗版声明

电子工业出版社依法对本作品享有专有出版权。任何未经权利人书面许可，复制、销售或通过信息网络传播本作品的行为，歪曲、篡改、剽窃本作品的行为，均违反《中华人民共和国著作权法》，其行为人应承担相应的民事责任和行政责任，构成犯罪的，将被依法追究刑事责任。

为了维护市场秩序，保护权利人的合法权益，我社将依法查处和打击侵权盗版的单位和个人。欢迎社会各界人士积极举报侵权盗版行为，本社将奖励举报有功人员，并保证举报人的信息不被泄露。

举报电话：（010）88254396；（010）88258888

传　　真：（010）88254397

E-mail：　dbqq@phei.com.cn

通信地址：北京市海淀区万寿路 173 信箱

　　　　　电子工业出版社总编办公室

邮　　编：100036